Prof. Dr. Dr. Martin Hörning
Johannes Tack

MSBB

mind, soul & body in balance®

Ein achtsamkeitsbasiertes Stressbewältigungsprogramm

BALANCE buch + medien verlag

Prof. Dr. Dr. Martin Hörning

Arzt, Professor für Sozialmedizin und Psychopathologie, Leiter des Instituts für Gesundheitsforschung und Soziale Psychiatrie.

Nach dem Studium der Humanmedizin in Hannover und Approbation als Arzt ist Prof. Dr. med. Dr. phil. Martin Hörning seit 1986 als Professor für Sozialmedizin und Psychopathologie an der Katho NRW, Abt. Paderborn. Seine Arbeits- und Forschungsschwerpunkte sind Gesundheitsförderung (v. a. auch der Einfluss von Ernährung und Bewegung), Suchtforschung und Männergesundheit. Er leitet das Institut für Gesundheitsforschung und Soziale Psychiatrie. Seit seinem 20. Lebensjahr begleiten ihn die Themen Meditation und Achtsamkeit; Ausbildungen und Retreats in verschiedenen Meditationsformen. Seit vielen Jahren sind die Vipassana-Meditation und Yogaübungen Teil seines Alltags.

mail: hoerning@msbb.institute

Johannes Tack

Geschäftsführender Vorstandsvorsitzender SPI Paderborn e.V., Bankkaufmann, Dipl. Sozialarbeiter, Lehrbeauftragter an der Katho NRW, Abt. Paderborn

Nach seiner Ausbildung zum Bankkaufmann nahm Johannes Tack das Studium der Sozialen Arbeit in Paderborn auf. Er ist Gründungsmitglied des Vereins Sozialpsychiatrische Initiative Paderborn e.V. (1981), heute SPI Paderborn e.V., in dem er als Geschäftsführender Vorstandsvorsitzender tätig ist. Er ist ausgebildeter Gesprächstherapeut (GWG), Familien- und Systemtherapeut, Anti-Stress-Trainer und seit 1989 Lehrbeauftragter an der Katho NRW, Abt. Paderborn.

Seit vielen Jahren ist er als Dozent im Deutschen Lauftherapiezentrum (DLZ) tätig und auch im Alltag leidenschaftlicher Läufer. Johannes Tack hält regelmäßig Workshops zum Thema Stressmanagement und Resilienz.

mail: tack@msbb.institute

MSBB

mind, soul & body in balance®

Ein achtsamkeitsbasiertes Stressbewältigungsprogramm

Prof. Dr. Dr. Martin Hörning, Johannes Tack

HANDBUCH MSBB-PRÄVENTIONSCOACH

Inhalt

Icons

 Information

 Arbeitsmaterial

 Diskussion

 Methode

 Visualisierung

 Lernziel

 Übung

 Frage

 Download

Vorwort

Liebe Leserinnen und Leser,

als Autoren freuen wir uns, Ihnen mit diesem Manual ein neues, praxiserprobtes Stressbewältigungsprogramm vorstellen zu können. Die Idee dazu stammt aus einem Seminar mit Studierenden des Masterstudiengangs „Gesundheitsbezogene Soziale Arbeit" der Katho NRW, Abteilung Paderborn. In diesem Seminar wurde zunächst das Thema „Prävention in der Sozialpsychiatrischen Versorgungslandschaft" bearbeitet. Dabei wurde im Laufe der Diskussion allen Seminarteilnehmer_innen schnell klar, dass die Themen Prävention und Gesundheitsförderung über den Rahmen der Sozialpsychiatrie weit hinausgehen. Bei der Beschäftigung mit dem Leitfaden des GKV-Spitzenverbandes wurde deutlich, dass die vier Handlungsfelder Stressbewältigung, Suchtprävention, Ernährung und Bewegung nicht getrennt voneinander betrachtet werden sollten. Vielmehr schien es den Autoren und Student_innen angebracht, ein Präventionsprogramm zu entwickeln, in dem die Bereiche Stressbewältigung, Ernährung und Bewegung als integrale Bereiche eine ganzheitliche Betrachtung der Gesundheit zum Inhalt haben. Als übergeordnete inhaltliche Basis dafür hatte sich schnell die achtsamkeitsbasierte Stressreduktion ergeben. Denn stressassoziierte Symptome zeigen sich auch in den Lebensbereichen Bewegung, Ernährung und soziale Kontakte. Erste Ideen für ein solches Programm wurden in diesem Seminar entwickelt und die theoretische Basis dafür in Forschungsprojekten und Masterarbeiten geliefert.[1]

Der Name des vorliegenden Programms symbolisiert diese Schwerpunktsetzung: MSBB – Mind (Geist), Soul (Seele) & Body (Körper) in Balance (Gleichgewicht). Die Entwicklung einer inneren geistigen Haltung, Seele und Körper in ein Fließgleichgewicht zu bringen und dieses auch selber im Leben gestalten und umsetzen zu können. Diese Haltung kann besonders dann nachhaltig und erfolgreich praktiziert werden, wenn sie achtsamkeitsorientiert ist. Denn offensichtlich kann Achtsamkeit dabei helfen, das eigene Verhalten mit den eigenen Werten besser in Einklang zu bringen. Menschen können so leichter vom Wissen zum Handeln gelangen.

Als Grundlage für den Aufbau des MSBB-Programms diente der GKV–Praxisleitfaden.[2]

Das Präventionsprogramm MSBB kann in der Regel über einen Zeitrahmen von zehn Wochen in einmal wöchentlich stattfindenden, zweistündigen Seminareinheiten durchgeführt werden, andererseits aber auch in stationären Kontexten als festes Programm eingebaut werden. Darüber hinaus ist die Durchführung auch als Kompaktangebot über zwei, besser drei Tage, möglich.

Das Kern-Programm MSBB ist im Gesundheitswesen für alle Interessierten nutzbar, kann aber je nach Bedarf auch für spezielle Zielgruppen erweitert werden. Dies können zum Beispiel Jugendliche, Langzeitarbeitslose und psychisch gefährdete und erkrankte Menschen sein. Es ist ebenso im Rahmen des Führungskräftetrainings und des Betrieblichen Gesundheitsmanagements (BGM) in Unternehmen einsetzbar. Bei besonderen Zielgruppen wie z. B. Menschen mit psychischen Erkrankungen kann das MSBB-Programm auch mit Psychoedukationsprogrammen und erweiterten Beratungsmodulen kombiniert werden.

Insgesamt geht es uns Autoren aber darum, dass das Präventionsprogramm MSBB den Anwender_innen die Möglichkeit gibt, die eigenen gesundheitlichen Entfaltungsmöglichkeiten zu nutzen und eigene Empowerment-Strategien zu entwickeln und zu etablieren.

Wir wünschen allen Leser_innen und Anwender_innen bei der Lektüre und der Umsetzung vielfältige gesundheitliche Erfahrungen und Erkenntnisse!

Prof. Dr. Dr. Martin Hörning & Johannes Tack

im Februar 2021

Und noch eine Anmerkung: Um das Buch nicht mit Gender-Gaps zu überfrachten, haben wir den Terminus **„Präventionscoach"** eingeführt, der als männliche Form stets generisch gebraucht wird und Menschen jeden Geschlechts einbezieht.

1 Einführung

Zeitnot, Stress, Entfremdung, Zukunftsängste, Sinnentleerung – lang ist die Liste von möglichen Ursachen, die die Seele des Menschen heutzutage aus dem Gleichgewicht bringen können.

„Krankt die Psyche, ist der Mensch krank – und mit ihm die Gesellschaft."[3] Zu dieser Erkenntnis kommen auch übereinstimmend die aktuellen Gesundheitsreports der verschiedenen Krankenkassen. Die erschreckende Zunahme psychosomatischer und psychiatrischer Erkrankungen ist das Ergebnis pathologischer Entwicklungen in unserer Gesellschaft. Entsprechend nimmt die psychische Gesundheit einen immer größeren Raum in der öffentlichen Wahrnehmung und in der gesundheitspolitischen Diskussion ein. Das aktuelle epidemiologische[4] Bild zeigt die Größenordnung, die psychische Störungen für das Individuum und die Gesellschaft haben.

Ein neues, ganzheitliches Gesundheitsverständnis ist daher notwendig, um die veränderten Arbeits- und Lebensbedingungen leichter erträglich und veränderbar zu machen. Prävention und Gesundheitsförderung sind dabei von großer Bedeutung für die Steigerung gesundheitlicher Lebensqualität der Menschen in ihrem Lebensraum bzw. der Gesellschaft. Beide Interventionsformen – Krankheitsprävention und Gesundheitsförderung – dienen dem gleichen Ziel, dem Menschen eine gesunde Einstellung zum Leben, verbunden mit konstruktiven Handlungsstrategien, zu vermitteln. „Dabei beruft sich die Krankheitsprävention auf die Dynamik der Entstehung von Krankheit, die Gesundheitsförderung auf die Dynamik der Entstehung von Gesundheit."[5] Der Unterschied beider Interventionsformen liegt in den Wirkungsprinzipien.[6]

Krankheitsspezifische Präventionsstrategien und Modelle der Gesundheitsförderung, die an einer gesunden Lebensführung im Allgemeinen orientiert sind, wirken dabei unterstützend.[7]

Geht es bei der Krankheitsprävention in erster Linie darum, einer Krankheit zuvorzukommen, so müssen Voraussetzungen geschaffen werden, die das Eintreten der Erkrankung weitestgehend verhindern. Somit ist es von großer Bedeutung, dass sogenannte Risikofaktoren, die bei der Entstehung von Krankheit bedeutsam sind, identifiziert werden. Dies gilt besonders bei den am häufigsten auftretenden Erkrankungen wie Herz-Kreislauf-Erkrankungen, Krebs, Demenz, aber in zunehmendem Maße auch für psychische

Erkrankungen. Risikofaktoren sind dabei besonders Bluthochdruck, Fettstoffwechselstörungen, Übergewicht, mangelnde Bewegung, Fehlernährung und besonders psychische Belastungen in Form von Stress. Die hohe Nachfrage nach Stressbewältigungsprogrammen bestätigt diese Annahme.

Das vorliegende Präventionsprogramm „MSBB – Mind, Soul & Body in Balance" ist ein Stressbewältigungsprogramm, das sich an dem bio-psycho-sozialen Modell der Gesundheit der Weltgesundheitsorganisation (WHO) orientiert. Umfangreiches Wissen über spezifische Risiko- und Schutzfaktoren ist deshalb von besonderer Bedeutung für Menschen, die psychisch oder psychosomatisch erkrankt oder von einer derartigen Erkrankung bedroht sind.

Programme, die spezifische Risikofaktoren wie Stress, Fehlernährung und Bewegungsmangel im Hinblick auf die Prävention psychischer Erkrankungen verbinden, wurden bisher noch nicht umfassend in ***einem*** Präventionsprogramm unter dem Aspekt ganzheitlicher Betrachtung und achtsamer Lebensführung berücksichtigt.

Das Präventionsprogramm „MSBB – Mind, Soul & Body in Balance" nimmt dabei Bezug auf diese spezifischen Risiko- und Schutzfaktoren psychischer Gesundheit, um der Entstehung und Manifestierung von Erkrankungen entgegenzuwirken.

Zielgruppe des Programms sind gesunde Personen mit Stressbelastungen, die lernen wollen, damit sicherer und gesundheitsbewusster umzugehen, außerdem Personen, die ein erhöhtes Risiko aufweisen, psychisch bzw. psychosomatisch zu erkranken und/oder die solchen psychosozialen Belastungen ausgesetzt sind, die ihre seelische Gesundheit gefährden.

Bei richtigem Einsatz dieses Präventionsprogramms soll bei den Teilnehmenden eine entsprechende Bewusstseinsbildung, bezogen auf die eigene Gesundheit, in Gang gesetzt werden. Eine konsequente Anwendung des Programms MSBB unterstützt diesen Prozess.

Der volkswirtschaftliche Nutzen, wie auch Klosterkötter und Maier herausstellen, ist dabei eine deutliche Kostenreduktion im Sozial- und Gesundheitswesen. „Investitionen in die Förderung seelischer Gesundheit und die Prävention psychischer Störungen [können] mit erheblichen Kosten-Einsparungen für einzelne Personen, die Gesellschaft und die Volkswirtschaft einhergehen. Präventive Maßnahmen erweisen sich weit über rein finanzielle Vorteile hinaus in vielerlei Hinsicht als nützlich."[8]

Es ist davon auszugehen, dass psychische Belastungen sich auch auf das Ernährungs- und Bewegungsverhalten auswirken. Diese beiden Faktoren gelten als Hauptrisikofaktoren der am häufigsten auftretenden Erkrankungen in Deutschland.[9] Sie beeinflussen sich gegenseitig und können somit negative Wechselwirkungen erzeugen.

Aus diesem Grund wurde MSBB als ein ganzheitliches Präventionskonzept mit multifaktorieller Ausrichtung entwickelt. Es bezieht sich dabei auf das Haupthandlungsfeld „Stressmanagement" des GKV-Präventionsleitfadens[10] und nimmt logischerweise unter dem Konzept der Achtsamkeit Bezug auf die beiden anderen Handlungsfelder Bewegungsmangel und Ernährung. MSBB versteht sich aber nicht als handlungsfeldübergreifendes Programm.[11] Es sollen nicht spezifische Ernährungsstrategien oder Bewegungsübungen vermittelt werden. Stattdessen wird darauf hingewirkt, dass sich die Übenden achtsam ihrer Ernährungs- und Bewegungsgewohnheiten bewusst werden sollen. Dieser ganzheitliche Ansatz soll ein gesundheitliches Umdenken bewirken. Der praktische Bezug und sinnhaft vermittelte Übungen können in den Alltag integriert und zum festen Bestandteil des alltäglichen Biorhythmus werden.

Stressbewältigung wurde als primäres Handlungsfeld gewählt, da in erster Linie eine achtsamkeitsbasierte Bewältigung psychosozialer Belastungen erreicht werden soll. Diese werden unmittelbar und nachvollziehbar angesprochen. Außerdem wirken Achtsamkeitsübungen nachweislich auf das Stressbewältigungsverhalten, das Stresserleben und auch die psychophysischen Reaktionen. Damit wird die Stressbewältigung auf verschiedenen Ebenen unterstützt.[12]

Im Kontext des instrumentellen Stressmanagements werden durch die alltägliche Achtsamkeitspraxis zwar keine konkreten Stressoren ausgeschaltet. Die Fokussierung auf das bewusste Erleben von Stress und dessen Auslösern führt aber dazu, konkrete, aktuelle Belastungssituationen bewusst wahrzunehmen und zu verändern. Dies wird im Laufe des Programms auch explizit eingeübt.

Im Bereich des kognitiven Stressmangements führt MSBB ebenso dazu, dass sich durch eine achtsamkeitsorientierte Lebenspraxis persönliche Motive, Einstellungen und Bewertungen ändern. Besonders das Wahrnehmen von ungünstigen Bewertungsmustern ist ein wichtiges Ziel der Übungen im Programm.

Im Rahmen des palliativ-regenerativen Stressmanagements werden bei MSBB sowohl kurzfristig wirksame Hilfsmaßnahmen für akute Stressreaktionen vermittelt (Breathing-Space), als auch die Basis für langfristige parasymphatische Umschaltungsreaktionen (bei längerfristigem Einüben der formalen Achtsamkeitsübungen) geschaffen.

Copyright

Die Unterlagen, die im Downloadbereich dieses Handbuches stehen, können von MSBB-Präventionscoaches für ihre eigenen Kurse verwendet werden.

2 Hintergrundinformationen

2.1 Bio-psycho-soziale Orientierung

Das heutige Menschenbild betrachtet den ganzen Menschen bio-psycho-sozial in seinem Gesundsein sowie Kranksein.[13] Ein disziplin- und methodenübergreifender Wissenschaftsbereich hat sich immer mehr von der rein „naturwissenschaftlichen Medizin“ mit einem biologisch ausgerichteten Menschenbild und dem Anspruch, Krankheit und Gesundheit als von der sozialen Wirklichkeit getrennt erfassen zu können, abgekehrt. Vielmehr weisen aktuelle Forschungsergebnisse aus der Neurophysiologie darauf hin, „dass somatische Prozesse, emotionale und kognitive Prozesse sowie soziales Geschehen untrennbar miteinander verwoben sind“.[14] Diese ganzheitliche systemische Betrachtungsweise greift zunehmend im modernen gesellschaftlichen Bewusstsein. Es gilt daher, diese Erkenntnisse im Gesundheitswesen in den Bereichen Prävention, Behandlung und Rehabilitation einfließen zu lassen.

Die von der WHO im letzten Jahrzehnt eingeführte Internationale Klassifikation der Funktionsfähigkeit, Behinderung und Gesundheit (ICF) ist eine logische Erweiterung der Internationalen Klassifikation der Krankheiten (ICD-10 bzw. 11). Die neue Klassifikation legt ein bio-psycho-soziales Verständnis der funktionalen Gesundheit zugrunde und berücksichtigt den gesamten Lebenshintergrund von Betroffenen.

Das bio-psycho-soziale Modell der ICF zeigt die Folgen eines Gesundheitsproblems mit ihren Funktionsstörungen und Beeinträchtigungen für Aktivitäten und Teilhabe auf, gibt aber auch Strukturen für Lösungswege vor. Die rechts oben dargestellte Grafik stellt dieses Zusammenspiel dar. Der wesentliche Nutzen der ICF besteht in der zugrunde liegenden bio-psycho-sozialen Betrachtungsweise der Komponenten der „Funktionsfähigkeit“, deren Beeinträchtigungen im Sinne von Krankheitsauswirkungen und in der Einführung von „Kontextfaktoren“[15] (vgl. Abb. 1).

Zentraler Begriff der ICF ist die sogenannte funktionale Gesundheit. Danach gilt eine Person als funktional gesund, wenn vor ihrem gesamten Lebenshintergrund ihre körperlichen Funktionen einschließlich des geistigen und seelischen Bereichs und ihre Körperstrukturen allgemein anerkannten Normen entsprechen. Darüber hinaus sollte sie all das tun können, was von einem Menschen ohne Beeinträchtigungen der Körperfunktionen oder -strukturen

Modell der ICF

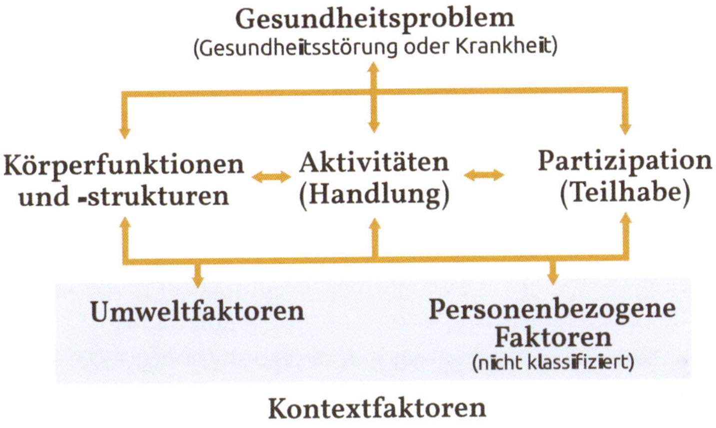

Abb. 1 Internationale Klassifikation der Funktionsfähigkeit, Behinderung und Gesundheit ICF[15]

sowie der Aktivitäten erwartet wird. Nur so ist die Partizipation im Sinne einer sozialen Teilhabe und der Teilhabe am Arbeitsleben gewährleistet.

Auch Trainer_innen des MSBB-Programms sollten wissen, wie die ICF aufgebaut ist. Dabei sind Kenntnisse über die Klassifikation der Körperfunktionen und -strukturen ebenso notwendig wie Kenntnisse über das komplexe Verhalten eines Menschen, das sich in seinen Aktivitäten ausdrückt, die ihm die Teilhabe an allen Bereichen des Lebens ermöglichen. Dabei bezieht sich Partizipation (Teilhabe) auf alle Lebenssituationen in den Bereichen Arbeit, Wohnen und Freizeit, das Leben in der Familie, am Arbeitsplatz und in der organisierten Freizeit.

Das Programm MSBB ist als Gruppenangebot in Anlehnung an das Modell der ICF konzipiert und verbindet im Sinne des bio-psycho-sozialen Ansatzes die Prävention psychosomatischer und psychischer Erkrankungen mit der Förderung physischer und sozialer Gesundheitsressourcen unter Einbeziehung der Kontextfaktoren.

Dabei soll durch das Vermitteln alltagsnaher Übungen in den Bereichen Stressbewältigung, Bewegung und Ernährung Achtsamkeit als grundlegendes Lebensprinzip verinnerlicht werden. Ein achtsamer Umgang mit den alltäglichen Herausforderungen soll das psychische Gleichgewicht im Sinne des bio-psycho-sozialen Ansatzes nachhaltig stärken.

2.2 Salutogenetische Ausrichtung

Das von Aaron Antonovsky entwickelte Modell der Salutogenese stellt Gesundheit und Krankheit als zwei Pole eines gemeinsamen Kontinuums dar. An der Gesundheit und der Erhaltung dieser orientiert, betrachtet es Krankheit und Leid als Bestandteile des menschlichen Seins.[16] Es handelt sich um eine ganzheitliche Betrachtungsweise des Individuums unter Einbezug alltäglicher Stressoren und gesundheitsförderlicher Ressourcen.[17]

Das MSBB–Programm ist salutogenetisch ausgerichtet. Es orientiert sich an den Ressourcen und Potenzialen der Menschen und will dazu beitragen, die generalisierten Widerstandsressourcen wieder zu aktivieren. Dabei geht es den Autoren vornehmlich darum, den Teilnehmenden mithilfe des MSBB-Programms eine salutogenetische Haltung zu vermitteln, wobei das Kohärenzgefühl gestärkt und ausgebaut sowie ergänzende und neue Bewältigungsstrategien für die Lebens- und Alltagsgestaltung entwickelt werden sollen. Die Präventionscoaches müssen mit dem Konzept der Salutogenese vertraut sein, um den damit verbundenen Paradigmenwechsel – von der Pathogenese zur Salutogenese – nachvollziehbar erklären zu können und im Denken ihrer Kursand_innen zu verankern. Dabei sollen sie sich an folgenden Fragestellungen orientieren: Was hält mich gesund? Wie kann ich aktiv an meiner Gesundheit arbeiten? Statt: Was macht mich krank? Was muss ich meiden?

Gleichzeitig soll kurz auf die Geschichte der Salutogenese beginnend mit den Untersuchungen von Aaron Antonovsky eingegangen werden, um am Beispiel seiner damaligen Proband_innen die Zusammenhänge zur Entwicklung des Kohärenzgefühls (Sence of coherence) zu erklären. Die damit verbundenen unterschiedlichen Bewertungen der Begriffe Homöostase und Heterostase dienen als gute Vergleichspole, um den Zugang zu den Begriffen Stressoren und Widerstandsressourcen herzustellen und diese auf die eigene Lebenssituation übertragen zu können.

2.3 Stress und Stressbewältigung

„Stress ist zu einem der populärsten Phänomene der westlichen Gesellschaft geworden."[18] Vom Begriff „Stress" existiert eine zunehmende Zahl an

Definitionen. Dies resultiert daraus, dass im Gesundheitswesen in den vergangenen Jahrzehnten eine komplexe Debatte im Zusammenhang mit der Zunahme psychischer und psychosomatischer Erkrankungen geführt wurde und weiterhin intensiv geführt wird. Der Begriff Stress ist allgegenwärtig und resultiert aus der Grundlage eines immer schnelleren, hektischeren Lebensstils und aus den Arbeitsbedingungen einer zunehmend technisierten Umwelt. Die damit einhergehenden gesellschaftlichen Veränderungen sind das Ergebnis dieser Entwicklung. Eine Vielzahl empirischer Untersuchungen im Rahmen der Stressforschung sind zu dem Ergebnis gekommen, dass Stress unsere Alltags- und Arbeitsbedingungen inzwischen derart beeinflusst, dass sich dadurch pathologische Verhaltensweisen chronifizieren und unsere Gesundheit massiv gefährden. Der Gesundheitsmarkt begegnet dieser Entwicklung auch auf der Grundlage von Forschungsergebnissen mit Stressbewältigungskonzepten.[19]

Das vorliegende Programm befasst sich im Rahmen der Gesundheitsprävention mit dem Handlungsfeld „Stressbewältigung". Die Autoren legen dabei besonderen Wert auf Achtsamkeit als leitendes Prinzip. Damit dieses auch sinnhaft, konsequent und nachhaltig verinnerlicht werden kann, werden den Teilnehmer_ innen zum besseren Verständnis die historischen Stresskonzepte von Lazarus und Selye vermittelt. Außerdem wird ein kurzer Überblick über Ergebnisse der modernen Stressforschung gegeben. Begriffe wie Stressauslöser, Stressoren, Stresserleben, Stressreaktion und Stressbewältigung werden erklärt. Der Bereich Stressbewältigung bekommt eine zentrale Bedeutung, geht es in dem MSBB Programm doch darum, konstruktive Stressbewältigungsstrategien zu entwickeln, um mit belastenden Ereignissen und Lebenssituationen besser umgehen zu können.

Anschließend werden die Verbindungen der Stressforschung zu bio-psychosozialen Modellen, zur Psychoneuroimmunologie sowie zu Mind-Body-Medicine[20] und Präventivmedizin Public Health[21] hergestellt. „Stress" wird als Oberbegriff gefasst, er beschreibt Effekte psychosozialer und environmentaler Faktoren auf das physische bzw. mentale Wohlbefinden. Stressoren und Stressreaktionen werden unterschieden. „Stress" und Gesundheit werden in Beziehung zu Gesundheitsverhalten und Lebensstil gesetzt.

Schlussfolgerungen hieraus sind: Der Einzelne sollte versuchen, eine Balance/Ordnung zwischen Stressoren und Stressreaktionen, zwischen krankheits- und gesundheitsfördernden Faktoren zu erhalten, durch die präventivmedizinische Stärkung von Eigenkompetenz und Selbsthilfe unterstützt werden kann. So entsteht ein integratives, kapazitäten- bzw. ressourcenorientiertes Gesundheitsverhalten. Dabei ist die Orientierung am dynamischen

Gleichgewicht und die dadurch bedingte Verminderung negativer Auswirkungen von Stressoren/Stress-Reaktionen auf die Gesundheit ein möglicher Weg zur Erzeugung eines modernen, kosteneffektiven sowie partnerschaftlichen Arzt-Patienten-Verhältnisses. „Stress" kann somit auch „gesund" sein und als Herausforderung Flexibilität und positive Veränderungen induzieren.

2.4 Resilienz

Ebenso wie das Salutogenesemodell von Aaron Antonovsky hat in den vergangenen Jahren die Resilienzforschung an Bedeutung gewonnen. Im Sinne einer konstruktiven Stressbewältigung lässt sich das Thema Resilienz sinnhaft in das MSBB-Programm integrieren. „In der Psychologie und Medizin versteht man unter Resilienz die seelische Widerstandskraft, d. h. die Aufrechterhaltung oder Rückgewinnung der psychischen Gesundheit während oder nach widrigen Lebensumständen."[22] Geht es beim Resilienztraining um das Entwickeln und den Aufbau der inneren Widerstandskraft, so können die in diesem Zusammenhang genannten Resilienzfaktoren sinnvoll im gesamten MSBB-Programm implementiert werden.

So wird auf die Resilienzfaktoren Akzeptanz, Optimismus, Selbstwirksamkeit, Verantwortung, Netzwerkorientierung, Lösungsorientierung und Zukunftsorientierung im Einzelnen eingegangen und ein Bezug zu den Stressbewältigungsmechanismen hergestellt.

Insofern ist MSBB auch ein Resilienz-förderndes Präventionsprogramm, das von den Personen, die anhaltenden Belastungen und dadurch bedingt auch zahlreichen Stressoren ausgesetzt sind, praktikabel eingesetzt werden kann. MSBB kann dabei unterstützen und helfen, widrigen Lebensumständen und überzogenen Leistungsanforderungen mit konstruktiven und neuen Handlungsalternativen zu begegnen. Kleine alltagsorientierte Übungen sind dabei hochwirksame Unterstützer.

Das Wissen um die Entwicklung von Resilienz lässt die Widrigkeiten des Lebens in einem anderen Licht erscheinen. Ein durch MSBB eingeleitetes Umdenken und Umdeuten der Realität hilft Betroffenen dabei, die Beeinträchtigung ihrer Gesundheit konstruktiv zu bewältigen. Zahlreiche Forschungen belegen dies. Das Leibniz-Institut für Resilienzforschung an der Universität in Mainz ist hierfür ein gutes Beispiel. Zurzeit forschen zehn Arbeitsgruppen mit einer Vielzahl von unterschiedlichen Expertisen in den drei Bereichen „Molekulare und zelluläre Mechanismen der Resilienz“, „Systemische Mechanismen der Resilienz“ sowie „Kognitive und Verhaltensmechanismen der Resilienz“. [23]

2.5 Zielgruppe

Das MSBB-Programm richtet sich an gesunde Personen mit Stressbelastungen, die lernen wollen, sicherer und gesundheitsbewusster mit Stress umzugehen, außerdem auch an Personen, die ein erhöhtes Risiko aufweisen, psychisch bzw. psychosomatisch zu erkranken und/oder die solchen psychosozialen Belastungen ausgesetzt sind, die ihre seelische Gesundheit gefährden. Das Programm richtet sich ebenso an Angehörige von Personen mit psychischen Erkrankungen/Behinderungen, weil das unmittelbare Umfeld von Menschen mit psychischen Erkrankungen oder Behinderungen ebenfalls mitbelastet ist.

Letztlich kann aber jeder Interessierte das Programm in Anspruch nehmen, der einer psychischen bzw. psychosomatischen Erkrankung vorbeugen will.

Hintergrundinformationen zu bestimmten psychosomatischen oder psychiatrischen Krankheitsbildern werden in gesonderten Psychoedukationsprogrammen vermittelt. Diese Programme werden in der Regel in ambulanten, ganztagsambulanten und stationären Betreuungs-, Behandlungs- und Rehabilitationseinrichtungen eingesetzt. Ein Verweis auf entsprechende Programme oder auch eine Verknüpfung ist immer sinnvoll.[24] Sie können ggf. das MSBB-Programm sinnvoll ergänzen.

Für die Bewältigung einer seelischen Erkrankung ist es aber gerade wichtig zu erkennen, dass sich psychisches und körperliches Befinden gegenseitig beeinflussen. Für die Teilnahme am MSBB–Programm bedeutet dies, dass die Teilnehmenden mental und körperlich in der Lage sein sollten, sich bei den einzelnen Sitzungen einzubringen und sich aktiv zu beteiligen. Die Übungen des MSBB-Programms sind so konzipiert, dass sie sich an den Bedürfnissen der Teilnehmer_innen orientieren. Schutzfaktoren und Widerstandsressourcen der psychischen Gesundheit der Teilnehmer_innen stehen dabei im Mittelpunkt des Programms. Neben der Aktivierung und Förderung vorhandener Ressourcen sollen die Teilnehmenden neue Handlungsansätze kennen- und anwenden lernen. Der Schwerpunkt liegt dabei im Zusammenspiel psychosozialer und körperlicher Ressourcen für eine gesunde Lebenshaltung.

Gruppengröße: Um im Sinne des GKV-Leitfadens die Prozessqualität zu sichern, werden die Kriterien zur Gruppengröße und -homogenität beachtet. Die angemessene Größe (6-15 Teilnehmer_innen) ergibt sich aus Überlegungen zu Wirtschaftlichkeit und zur Motivationsstärkung.

3 Aufbau und Schwerpunkte des MSBB-Programms

3.1 Programmaufbau

Das MSBB-Programm ist auf zehn Termine im Wochenabstand angelegt. Die Dauer jedes Termins beträgt circa 90, maximal 120 Minuten. Grundsätzlich ist es möglich, das Format zu verändern. Wir empfehlen aber, diesen Basiskurs mit zehn Wochen Dauer durchzuführen. Kürzere Terminierungen verringern aller Erfahrung nach die Effekte. In diesem Zeitraum soll die Grundlage geschaffen werden, das persönliche Stressbewältigungsprogramm so zu verinnerlichen, dass es zu einem selbstverständlichen Bestandteil des alltäglichen Lebens wird. Die Basis ist dabei eine konsequente Grundhaltung der Achtsamkeit für die alltägliche Stressbewältigung, flankiert von der Haltung, sich gesund zu ernähren und sich regelmäßig zu bewegen. Das organische Zusammenspiel dieser Faktoren dient schließlich dazu, sich den alltäglichen großen und kleinen Widrigkeiten des Lebens selbstverständlich und bewusst stellen zu können.

Die Säulen des MSBB-Programms

Abb. 2: Achtsamkeit ist die Basis, gesunde Ernährung und Bewegung im Alltag sind weitere Säulen eines achtsamen Lebensstils. Verbesserte Stressbewältigung ist das Ziel, das durch mehr Achtsamkeit im Alltag erreicht werden kann.

3.2 Curriculum

Modulübersicht

Modul	Inhalt und Thema
1	Einstiegssitzung: Kennenlernen und Einführung in das Programm
2	Grundlagen und bio-psycho-soziale Aspekte der Stressreaktion
3	Die eigenen Stress-Reaktionsmuster
4	Der Einfluss von Stress auf die Ernährung
5	Individuelle Ernährung bei Stress
6	Grundlagen der achtsamen Bewegungsübungen
7	Mein Bewegungsprogramm als Stressschutz für den Alltag
8	Die Bedeutung unserer Gefühle für Stressempfinden und Wohlbefinden
9	Die Bedeutung sozialer Beziehungen für Stressempfinden und Wohlbefinden
10	Abschlusssitzung: Implementierung in den Alltag und Abschied
Extra:	Intensivtag mit Übungswiederholungen und thematischem Schwerpunkt

Tab. 1: Das Curriculum des MSBB-Programms umfasst 10 Wochen.

Der inhaltliche Aufbau der Einheiten ist gleich strukturiert, um den Teilnehmer_innen einen einheitlichen Rahmen für die Dauer des gesamten Kurses zu bieten.

Ein Ankommensritual dient dem Ankommen und der Auflockerung in der Gruppe sowie dem Austausch aktueller Befindlichkeiten. Der theoretische Einstieg dient der Annäherung an den Inhalt der Modulsitzung. Die Teilnehmer_innen sollen für das Thema des Moduls sensibilisiert werden, wichtige Fakten kennenlernen und Rückschlüsse auf ihr eigenes Verhalten ziehen dürfen. Im Hauptteil der Kurseinheiten beschäftigen sich die Teilnehmer_innen mit dem Kernthema des jeweiligen Moduls. Der Präventionscoach stellt spezifische Inhalte vor und macht die Teilnehmer_innen mit neuen Handlungsansätzen vertraut. Mit etwa 45-60 Minuten bietet der Hauptteil den zeitlichen Rahmen für angeleitete Übungen zum jeweiligen Thema der Sitzung sowie für Diskussionen beziehungsweise Gruppengespräche. Ebenfalls werden an dieser Stelle Übungen für zu Hause angeleitet und besprochen. Der Abschluss bietet Möglichkeiten der Reflexion in der Gruppe.

Da in der Einstiegs- und Abschlusssitzung im Gegensatz zu den anderen Kurseinheiten nicht zu spezifischen Inhalten gearbeitet wird, entfällt der theoretische Einstieg jeweils. In Stundenverlaufsplänen werden die entsprechenden zeitlichen Abläufe, Themen, Ziele, Inhalte sowie Methoden und Materialien aufgeführt.

3.3 Räumliche Voraussetzungen

Für die Kurseinheiten soll ein großer, ruhig gelegener Raum zur Verfügung stehen, der genügend Platz für Stuhlkreise, Achtsamkeitsübungen etc. bietet und in dem außerdem Möglichkeiten der Visualisierung wie z. B. Tafel, Pinnwand, Flipchart, Whiteboard vorhanden sind.

3.4 Teilnehmer_innen-Handbuch

Die Teilnehmer_innen sollten einen begleitenden Gesundheitsleitfaden („Mein MSBB-Gesundheitsprogramm") in Form eines Ordners oder Hefters erhalten, der folgende Inhalte umfassen kann:

- Begleitendes Informations- und Übungsmaterial zu den Kurseinheiten
- Anleitungen für Heimübungen zur Umsetzung erlernter Handlungsstrategien im Alltag
- Protokollvorlagen zum Festhalten von Fortschritten (z. B. Dokumentation des Ernährungsverhaltens)
- Notizblätter zum Festhalten von Informationen während des Kurses.

3.5 Evaluation

Wir empfehlen, die eigenen Veranstaltungen regelmäßig zu evaluieren.

Wenn für die Evaluation die von uns zur Verfügung gestellten Evaluationsformulare verwendet werden, bitten wir darum, uns die fertigen Bögen zuzuleiten. Damit vergrößern wir die Datenbasis im Laufe der Zeit. Wir haben die Evaluation im Längsschnittdesign entworfen, sodass die Teilnehmer_innen im Idealfall dreimal schriftlich und anonym befragt werden: Am Kursbeginn (Modul 1), Kursende (Modul 10) und sechs Monate nach Kursende. Die Formulare sind downloadbar.

Die Eingangs- und die Schlussfragebögen werden in der benötigten Anzahl kopiert. Da die Fragebögen vier Seiten umfassen, ist es sinnvoll, sie so zu kopieren, dass Vorder- und Rückseite bedruckt sind. Das bringt eine Papierersparnis und den psychologischen Effekt, dass es sich bei der Befragung „nur um zwei Blätter" statt um vier handelt. Bitte denken Sie daran, ausreichend Kugelschreiber bereitzuhalten.

Da im Idealfall die Teilnehmer_innen fünf bis sechs Monate später noch einmal angeschrieben und vielleicht zum Besuch einer Wiederholungs- oder Vertiefungseinheit eingeladen werden (siehe Extra-Modul: MSBB-Intensivtag), kann dann auch der dritte Teil des Fragebogens mitgesandt werden. Wir arbeiten daran, dass der Fragebogen auch online ausgefüllt werden kann, um Mühe und Porto zu sparen.

Die Durchführung einer Studie, bei der im Zeitverlauf drei Fragebögen von derselben Person ausgefüllt und bei der Auswertung wieder zugeordnet werden müssen, erfordert eine eindeutige Identifikation der einzelnen Fragebögen jedes Individuums. Am einfachsten wäre das natürlich mit einer Namensnennung zu erreichen, was aber der Datenschutz verbietet. Auch die Wahl des Geburtsdatums lässt bei kleinen Gruppen eigentlich eine eindeutige Identifikation zu. Daher haben wir uns für ein sicheres, anonymes System entschieden, das auch für Teilnehmer_innen noch halbwegs leicht erinnerbar ist (siehe Evaluationsbögen). Durch eine Evaluation mit anschließender kurzer Frage- und Anmerkungsrunde im Plenum verlängert sich die Kurszeit in Modul 1 um circa 20 Minuten (im Übersichtsplan auf Seite 22 nicht eingerechnet).

4 Vorgespräch und Abschlussgespräch

4.1 Vorgespräch

Vor Beginn des Kurses sollte nach Möglichkeit mit jedem Teilnehmenden ein Informations- bzw. Einführungsgespräch geführt werden. Das Vorgespräch dient der beidseitigen Entscheidung (Interessent_innen und Präventionscoaches), ob eine Teilnahme an dem MSBB-Kurs sinnvoll und gewünscht ist.

In dem Vorgespräch werden persönliche Daten erfasst. Ebenso werden Beschwerden und Erkrankungen und damit einhergehende Medikamenteneinnahmen abgefragt.

Das Vorgespräch dient auch dazu, die mit der Teilnahme verbundenen Ziele der Kursand_innen auf körperlicher, psychischer und Beziehungsebene zu klären. Interessante Hintergrundinformationen für den Präventionscoach sind auch Vorerfahrungen des Interessierten mit Meditation und anderen Entspannungserfahrungen.

Die Interessent_innen erhalten einen Überblick über das Präventionsprogramm und die Fortbildungsinhalte. Termin und Ort werden individuell vereinbart. Das Vorgespräch dient ferner dazu, abzuklären, ob der Interessierte für die Teilnahme am MSBB-Kurs geeignet ist. Der Präventionscoach sollte sich auch nicht davor scheuen, in begründeten Einzelfällen Personen von der Teilnahme am Kurs abzuraten bzw. diese sogar auszuschließen, wenn die Anzeichen für eine fehlende Eignung stark ausgeprägt sind. In dem Vorgespräch können individuelle Bedürfnisse bzw. Problemlagen, Ängste und persönliche Wünsche angesprochen werden, die im Gruppenkontext nicht zur Sprache kommen würden.

4.2 Nachgespräch

Das Abschlussgespräch dient dazu, dem einzelnen Kursteilnehmenden noch einmal die Möglichkeit zu geben, den Kurs persönlich zu reflektieren. Offene Fragen, die im Gruppengespräch nicht beantwortet werden konnten, können noch einmal zwecks Klärung bzw. weiterer Vorgehensweise zur Sprache kommen.

Im Nachgespräch kann aber auch der Bereich des Feedbacks zur Sprache kommen, für den im Gruppen-Abschlussgespräch kein Raum war. Ein Nachgespräch ist sinnvoll, aber nicht zwingend notwendig. Wer die Zeit hat, sollte sich diese Erfahrung nicht nehmen lassen.

Zusatzmodule

Es ist möglich, durch Zusatzmodule (beispielsweise für betriebliches Gesundheitsmanagement, bestimmte Altersklassen, besondere Gefährdungslagen etc.) das Angebot für bestimmte Zielgruppen zu spezifizieren. Zusatzmodule sind immer dann sinnvoll zu ergänzen, wenn für zielgruppenspezifische Fragen im MSBB-Standardprogramm kein Raum gegeben ist. Dies können z.B. krankheitsbedingte bzw. störungsbedingte Fragen sein, aber auch Informationen zu betriebsbedingten Rahmenbedingungen, wenn das MSBB-Programm im Kontext des betrieblichen Gesundheitsmanagements in einem Betrieb angeboten wird.

MSBB-Intensivtag

Optional kann ein MSBB-Intensivtag angeboten werden, an dem Programmanteile wiederholt und eingeübt werden. An diesem Tag können dann auch zielgruppenspezifische Zusatzangebote implementiert werden. Dieser MSBB-Intensivtag kann offen für andere Teilnehmer_innen (und ehemalige Teilnehmer_innen) von Kursen sein, sodass die Möglichkeit besteht, Erfahrungen wieder aufzufrischen, Übungen zu wiederholen und Kontakte zu knüpfen.

Empfohlen wird außerdem, den Kurs zu evaluieren. Vorschläge dazu finden sich auf S.95f.

Da es sich lediglich um ein Präventionsprogramm handelt, muss den Teilnehmern_innen klar sein, dass die Teilnahme keine Psychytherapie darstellt. Teilnehmer_innen sollten zu dem Zeitpunkt der Teilnahme ohne akute Diagnose sein. Kommt es während der Teilnahme zu akuten Problemen (z.B. Depression), sollten von den Präventionscoaches entsprechende Maßnahmen in die Wege geleitet werden.

5 Module

5.1 Modul 1: Einstiegssitzung: Kennenlernen und Einführung in das Programm

In dieser Sitzung soll ein Kennenlernen der Teilnehmer_innen untereinander stattfinden sowie eine Vorstellung und das Kennenlernen des Präventionscoaches. Methodisch eignet sich hier eine spielerische Herangehensweise des Kennenlernens. Außerdem sollen der Programmablauf sowie die Kursmaterialien vorgestellt werden. Mit den Teilnehmer_innen werden in dieser Sitzung die Motivation und Ziele für das Programm erarbeitet, dies ist methodisch mittels eines Motivationsboards möglich (Visualisierungsübung). Es ist wichtig, dass den Teilnehmer_innen bewusst wird, dass Veränderungen Prozesse sind, die Zeit benötigen. Übungen für zu Hause begleiten den Prozess zur Übertragung der Veränderungen auf den Alltag. Neues Wissen bedarf der Wiederholung und Ziele müssen realistisch gesetzt sein. Die persönlichen Ziele sollen im Gesundheitsleitfaden „Mein MSBB-Gesundheitsprogramm" der Teilnehmer_innen notiert werden.

Notwendig für diese und die folgenden Module sind Matten, Sitzgelegenheiten und Decken. Als Sitzgelegenheiten sollten erst einmal hohe Meditationskissen angeboten werden, auf denen die meisten Teilnehmer_innen gut sitzen können. Es ist wichtig, dass immer ein paar Stühle bereitstehen (schlichte Stühle mit Lehne, jedoch ohne Armlehne), da es immer wieder Teilnehmer_innen geben kann, denen das Sitzen auf einem Kissen gerade schlecht möglich ist.

Für die erste Sitzung ist auch wichtig, genügend DIN A3-Blätter für das Motivationsboard und dicke Filzstifte vorrätig zu halten.

Der Ablauf der ersten Sitzung gestaltet sich wie folgt:

	Zeit	Thema	Ziele	Inhalt	Methodik / Mate
Begrüßung	5 Min.	Start in das Programm	Ankommen und Begrüßung der TN	1 Min. Stille Coach begrüßt die TN	Stuhlkreis, Namensschilder
Hauptteil	30 Min.	Kennenlernen der TN	TN lernen sich gegenseitig und den Coach kennen	Nachaltiges gegenseitiges Kennenlernen der TN ohne vorgegebene Inhalte	Kennenlernspiel mi Kommunikationsch ter z. B. Interview
	10 min	Vorstellung des Programms	TN sind über den Aufbau des Programms informiert	Materialien und Ablauf des Programms werden vorgestellt	Beamer mit Power (ppt) oder Flipchart
	15 Min.	Erwartungen der TN	TN werden sich ihrer Erwartungen an die kommenden Sitzungen bewusst, Coach bekommt einen Überblick über die Erwartungen der TN	TN notieren sich ihre Erwartungen und sprechen dann als Gruppe über diese	Notizen in Stillarbe Austausch zuerst in Kleingruppen, dann Plenum
	25 Min.	Motivation der TN	TN wissen, was Gesundheit für sie bedeutet, und machen sich ihrer Motivation zur Teilnahme am Programm bewusst	Austausch über den subjektiven Gesundheitsbegriff: Was bedeutet Gesundheit für mich? Notieren der persönlichen Ziele und Motive für die Programmteilnahme, Erstellen eines Motivationsboards zur Visualisierung (Beantwortung von Sinnfragen)	Kleingruppengespr Visualisierung durc Motivationsboard, Plenumsrunde
Abschluss	5 Min.	Kurze Reflexion	TN haben die Möglichkeit, kurz zu äußern, wie es ihnen geht	Kurze Beantwortung von Reflexionsfragen (z. B. Wie geht es mir jetzt gerade?) 1 Min. Stille	Blitzlichtrunde Hausaufgabe: persönliche Gesunh lebenskurve zeichn

Tab. 2: Ablauf Modul 1

5.1.1 Begrüßung

Als eindeutiges Signal für den Beginn und das Ende dieser und der folgenden Gruppensitzungen bietet es sich an, eine Minute Stille einzubauen. Mit einer Zimbel, einer Glocke oder einer Klangschale (mittlere bis tiefe Töne wirken in der Regel beruhigender als hohe) wird zu Beginn und am Ende, nach etwa 60-100 Sekunden, ein Klang erzeugt, erst nach dem zweiten Klang beginnt die eigentliche Sitzung.

Nach der Begrüßung der Teilnehmer_innen ist es sinnvoll, noch ein paar Worte zur eigenen Person und Qualifikation zu sagen. Falls noch nicht vorab geschehen, sollten danach die wichtigsten Spielregeln der Gruppensitzungen zusammengefasst werden:

- Jeder ist für sich selbst verantwortlich.
- Niemand ist gezwungen, eine Übung mitzumachen, die er nicht mag.
- Wer auf die Toilette gehen möchte, sollte dies einfach tun, ohne beim Verlassen und Betreten des Raumes zu stören.
- Die Gruppenanteile leben davon, dass die Einzelnen auch ihre Erfahrungen mit einbringen, aber niemand ist dazu verpflichtet.
- Alles, was gesagt wird, bleibt im Übungsraum und verlässt diesen nicht (Sicherheit auf Verschwiegenheit).
- Soweit möglich, sprechen niemals zwei Personen gleichzeitig.
- Während der Übungen oder der Plenumszeit sollte nicht gegessen oder getrunken werden. Dazu besteht während der Gruppenzeit oder in Pausen genug Gelegenheit.
- Hausaufgaben sind sinnvoll und dienen primär nicht der Entspannung, sie sichern den Effekt dieses Programms und ermöglichen die Integration der achtsamen Haltung in den Alltag.
- Der Präventionscoach sollte eine Telefonnummer angeben, unter der er erreichbar ist (zum Abmelden, wenn Fragen beim Üben auftauchen), ggf.

mit zeitlichen Erreichbarkeitsfenstern. Möglich ist auch, den Teilnehmer_innen Mailkontakt anzubieten.

Umgang mit Fehlstunden: Ein Termin möglich. Zwei Termine Einzelfallentscheidung. Bei drei Terminen – wenn im Vorfeld bekannt – von der Teilnahme am Kurs abraten.

Anrede

Die Erfahrung hat gezeigt, dass sich im Gruppenkontext sehr schnell unter den Mitgliedern das „Du" durchsetzt. Auch für den Präventionscoach bietet es häufig Vorteile, ins Du zu wechseln. Diese Entscheidung sollte möglichst vor der ersten Sitzung getroffen und in der ersten Sitzung während der Begrüßung kommuniziert werden. Eine sinnvolle Möglichkeit ist die Einführung des sogenannten „Seminar-Du's": Im Übungsraum, im Kontext des MSBB-Programms, wird sich geduzt und mit Vornamen angesprochen. Diese Vereinbarung ist aber nur für das gesamte Programm gültig und erlischt nach der letzten Moduleinheit.

Für den Gruppenbildungsprozess ist es häufig erleichternd, wenn vorbereitete Klappkarten ausgeteilt werden, auf denen die Teilnehmer_innen mit einem dicken Filzstift ihren Namen bzw. Vornamen schreiben.

5.1.2 Kennenlernen der Teilnehmer_innen

Um den Teilnehmer_innen ein gegenseitiges Kennenlernen zu ermöglichen, wird die Methode des Interviews genutzt (Kennenlernspiel mit Kommunikationscharakter). Dazu finden sich die Teilnehmer_innen in Zweier-Gruppen zusammen. Jeweils ein Teilnehmender ist Interviewer und bekommt fünf Minuten Zeit, um den jeweils anderen Teilnehmenden so gut wie möglich kennenzulernen. Nach fünf Minuten wird gewechselt. Nach weiteren fünf Minuten präsentieren die Teilnehmer_innen in circa ein bis zwei Minuten die Person, die sie interviewt haben. Als Material sollten Notizblöcke und Stifte zur Verfügung gestellt werden.

5.1.3 Vorstellung des MSBB-Programms

Der Präventionscoach soll hier den Ablauf sowie die Inhalte und Ziele des Programms kurz vorstellen (siehe Übersicht auf Seite 22, Tab. 1). **Dazu kann auch eine Power-Point-Präsentation genutzt werden, die Inhalte aus weiteren Modulen beispielhaft wiedergibt.**

5.1.4 Erwartungen, Motivation und Ziele klären

Zuletzt sollen die Teilnehmer_innen sich darüber klar werden, welche persönlichen Erwartungen sie an das Programm und an sich selbst für die Teilnahme an diesem haben. Die Ergebnisse der Kleingruppenarbeit werden dann kurz im Plenum aufgegriffen. Anschließend sollen die Teilnehmer_innen ihre Motivation für die Teilnahme und ihre persönlichen Ziele reflektieren. Methodisch bietet sich hier ein Motivationsboard an, dieses dient der Visualisierung. Die Teilnehmer_innen erstellen dazu auf einem DIN A3-Bogen ihr eigenes Motivationsboard. Auf diesem sollten Sinnfragen beantwortet werden. Es sind vor allem Fragen interessant, die beinhalten, was für den Einzelnen gesünder sein könnte als das bisher Gelebte.

Solche Fragen können zum Beispiel sein:

- Was bedeutet mir persönlich Gesundheit? Woran merke ich, dass ich „gesund" bzw. „krank" bin?
- Warum will ich gesünder leben?
- Was sind meine konkreten persönlichen Ziele in diesem Programm? (Oder: Woran würde ich in meinem Alltag ganz konkret feststellen, dass dieser MSBB–Kurs nach zehn Wochen für mich sehr erfolgreich verlaufen wäre?)

Nachdem die Teilnehmer_innen ihre Antworten in Kleingruppen (Empfehlung: Dreier-Gruppen) diskutiert haben, werden die unterschiedlichen Antworten im Plenum unter Einbeziehung der Motivationsboards diskutiert. Ein Lernziel ist unter anderem, dass Gesundheit und gesundheitliche Ziele in der Regel deutlich individuelle Aspekte haben.

5.1.5 Abschlussrunde

Der Präventionscoach teilt die Basisausstattung des Gesundheitsleitfadens „Mein MSBB-Gesundheitsprogramm“ an die Teilnehmer_innen aus, das am ersten Modultag außerdem enthält:

Ein Arbeitsblatt, in dem die Teilnehmer_innen ihre persönliche Gesundheitskurve über den bisherigen Lebenslauf zeichnen sollen. Die Aufgabe, diese Kurve zu zeichnen, sollte exemplarisch vom Präventionscoach erläutert werden. (Hausaufgabe)

Eine kurze Blitzlichtrunde: Hierzu können Fragen zur Reflexion genutzt werden, zum Beispiel nach der aktuellen Befindlichkeit, ggf. auch „Wie hat mir die Sitzung gefallen?“, „Was nehme ich mit?“, „Was erwarte ich für die nächste Sitzung?“

Vor dem Auseinandergehen wieder 1-2 Minuten Stille.

5.2 Modul 2: Grundlagen und bio-psycho-soziale Aspekte der Stressreaktion

Ziele dieses Moduls sind das Kennenlernen theoretischer Grundlagen von Stress und der Rolle subjektiver Bewertungsprozesse bei der Stressentstehung und -bewältigung. Dadurch soll Stress als greifbares Phänomen erkannt werden, das Ansatzpunkte für eigenes Agieren zulässt. Ein weiteres Ziel ist die Sensibilisierung der Selbstwahrnehmung und Wahrnehmung eigener Stressoren (auch als Einstieg in die formalen und informalen Achtsamkeitsübungen).

	Zeit	Thema	Ziele	Inhalt	Methodik / Material
Ankommensritual	5 Min.	Aktuelle Befindlichkeit	Gemeinsames Ankommen	1 Min. Stille Blitzlicht zur Befindlichkeit; Formulieren und gedankliches Ablegen von belastenden/ablenkenden Gedanken	Blitzlicht in der Gesamtgruppe; Sitz- bzw. Stuhlkreis
Hauptteil	20 Min.	Gesundheitsgefühl im Lebenslauf	Unterschiedliche Gesundheitsentwürfe kennenlernen	Besprechen der individuellen Gesundheitsentwürfe und -vorstellungen mit zwei oder drei Beispielen	Flipchart
	35 Min.	Grundlagen der Stressreaktion	Phänomen Stress, TN lernen den Einfluss subjektiver Bewertungen und die bio-psycho-sozialen Aspekte der Stressreaktion kennen	Neurobiologische Stressreaktion; chronischer Stress und Einfluss auf Immunsystem und Gesundheit; transaktionales Modell nach Lazarus	Informationsvermittlung, motivationale Stimuierung durch Betonung persönlicher Ressourcen und Ansatzpunkte der Stressbewältigung; Präsentation (Beamer)
	25 Min.	Selbstwahrnehmung durch Achtsamkeit	Verbesserung der Selbstwahrnehmung (zur Wahrnehmung von Warnsignalen)	Übung Achtsamkeitsmeditation Reflexion der Wahrnehmungen und Information. Planung der Zeiträume im Alltag für Achtsamkeitsmeditation	Übung im Sitzen; Anschließend Austausch in Kleingruppen und Plenum
Abschluss	5 Min.	Kurze Reflexion	Aktuelle Befindlichkeit erfahren Abschluss	Wochenplan mit Aufgaben 1 Min. Stille	Übungen der Woche: **Stresstagebuch** **Achtsamkeitsmeditation**

Tab. 3: Ablauf Modul 2

5.2.1 Ankommensritual

1-2 Minuten Stille

Anschließend ein Blitzlicht in der Gesamtgruppe. Zu Beginn können Teilnehmer_innen im Kreis sitzend etwa zwei Sätze zu ihrer Befindlichkeit und, wenn vorhanden, eine Sache formulieren, die sie für die Dauer der Einheit gerne gedanklich ablegen möchten.

5.2.2 Hauptteil: Gesundheitsgefühl im Lebenslauf

Im Plenum werden einige Teilnehmer_innen gebeten, ihre Gesundheitskurven vorzustellen und zu erläutern, wie die wahrscheinlich vorhandenen Ausschläge nach oben oder unten im Lebenslauf zustande gekommen sind.

Lernziel ist zum einen, festzustellen, dass sich die Gesundheitskurven der einzelnen Teilnehmer_innen durchaus unterscheiden und sehr individuelle Züge annehmen können.

Mit der Frage „Welche Definition von Gesundheit haben Sie beim Zeichnen der Kurve zugrunde gelegt?" wird die Diskussion auch darauf gelenkt, dass unterschiedliche Teilnehmer_innen wahrscheinlich „Gesundheit" unterschiedlich definieren. Für viele ist Gesundheit vor allem eine Frage des subjektiven Wohlbefindens. Krankheit wird dagegen von vielen unhinterfragt mit körperlichen Leiden gleichgesetzt.

Während manche Teilnehmer_innen durchaus ein differenziertes bio-psychisches Konzept beim Zeichnen der Kurve zugrunde gelegt haben, werden die meisten die soziale Dimension von Gesundheit nicht berücksichtigt haben. Daher ist es wichtig, darauf noch einmal speziell einzugehen.

5.2.3 Hauptteil: Grundlagen der Stressreaktion

Das Phänomen Stress wird nun näher betrachtet. Es werden die theoretischen Grundlagen vermittelt, dass interne sowie externe Stressoren (Gedanken oder Ereignisse mit Bedrohungscharakter) zu einer Energiebereitstellung führen (durch Hormonfreisetzung, Erhöhung von Herzfrequenz,

Blutzuckerwert, Atmung und Blutdruck, welche Nährstoffe für die Muskulatur liefern). Erwähnung von Adrenalin, Noradrenalin und Kortisol.

- *Eustress: positiver Stress, Energiebereitstellung, Motivation*
- *Distress: belastender Stress, interne und externe Stressoren führen zu einer erhöhten Energiebereitstellung, um auf Stressoren reagieren zu können*
- *Chronischer Stress (ist ebenfalls Distress): dauerhaft bestehende Stressoren und dauerhafte Ausschüttung von Stresshormonen, gesundheitsschädliche Auswirkungen*

Daraus kann eine Stressreaktion aus der Kampf-Flucht-Reaktion stammend entstehen. Stress kann als Energiebereitstellung im positiven Sinne (Eustress), als nötiges „Salz in der Suppe des Lebens“, verstanden werden. Es folgen Erläuterungen zur Entstehung von chronischem, belastenden Stress und dass dauerhafte Ausschüttung von Stresshormonen (Kortisol) gesundheitsschädliche Folgen haben kann.

Physiologische Stressreaktionen

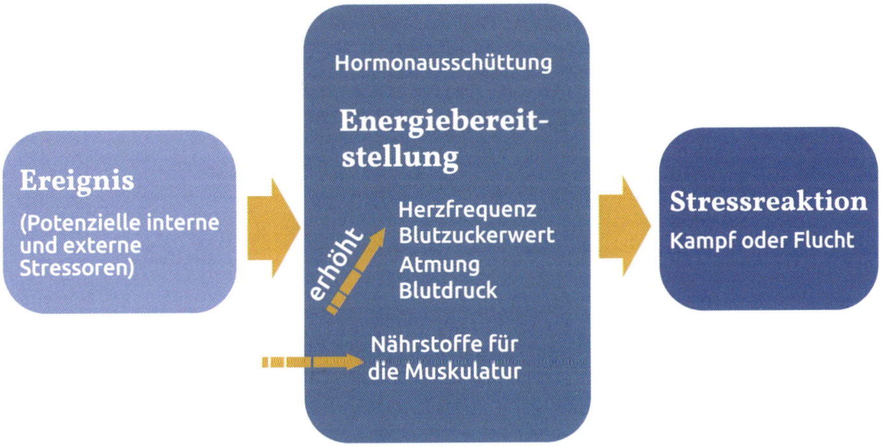

Abb. 3: Die Ausschüttung von Adrenalin, Noradrenalin und Cortisol versetzt den Körper in Alarmzustand.

Daraufhin erfolgt die Darstellung des transaktionalen Stressmodells nach Lazarus, die neurobiologische Entstehung von Stress um Bewertungsprozesse erweitert. So wird betont, dass die eigene Person und eigene Gedanken ebenfalls die Stressreaktion beeinflussen können. Dies geschieht in Form von subjektiven Bewertungsprozessen (primäre und sekundäre Bewertung, welche nicht in einer festgelegten Reihenfolge, sondern auch gleichzeitig stattfinden können). Die Bedeutung der eigenen Person wird durch das folgende Zitat unterstrichen:

„Ob wir fähig sind, unsere Lebensumstände zu beeinflussen, hängt weitgehend von unserer Einstellung zu den Dingen ab. Was für uns im Bereich des persönlich Möglichen liegt, wird von dem Bild bestimmt, das wir von uns selbst und unseren Fähigkeiten haben, davon, wie wir die Welt und die in ihr wirkenden Kräfte wahrnehmen."[25]

Transaktionales Stressmodell

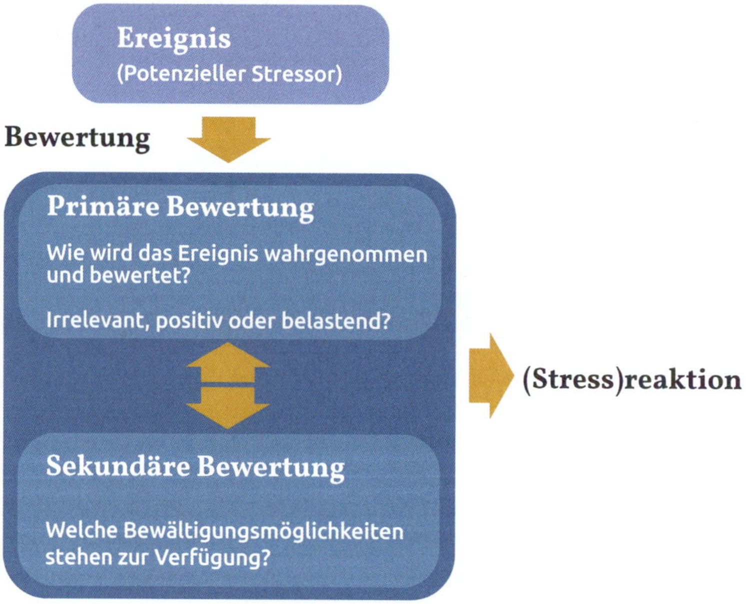

Abb. 4: Transaktionales Stressmodell nach Lazarus, gekürzte Version (in Anlehnung an Heinrichs et al.)[26]

Es sollte auch darauf hingewiesen werden, dass diese biochemische Stressreaktion im Laufe der Evolution vor allem für akute, nicht allzu lang andauernde Stressreaktionen geschaffen wurde. In der heutigen Zeit sind die Voraussetzungen allerdings andere. Viele, vor allem psychosoziale Stressoren wirken viel häufiger und vor allem langfristiger ein, wofür die ererbte Stressreaktion meist nicht mehr die sinnvolle Antwort ist. Daher steigt die Gefahr für das Erschöpfen der Anpassungsreaktion oder sogar für psychosomatische Leiden.

Es sollte auch noch einmal betont werden, dass es in unserer Gesellschaft eher üblich ist, den Blick auf all das zu richten, was nicht so gut läuft, was unvollkommen und vielleicht verbesserungswürdig ist. In den nächsten Wochen wird daher bewusst versucht, all die Anteile des eigenen Gesundheitsverhaltens wahrzunehmen, die gut funktionieren.

Im Hauptteil wird auch an die Rolle der eigenen Person angeknüpft. Zunächst wird (kurz) auf das Erkennen von Stresswarnsignalen eingegangen. Der Präventionscoach nennt einige Beispiele (muskuläre Anspannung, Gefühl der Hilflosigkeit, Konzentrationsschwäche, Schlafprobleme) und betont, dass Reaktionen individuell verschieden sind.

Es folgt eine Übung: Die Teilnehmer_innen tauschen sich zur Frage „Woran bemerke ich, dass ich Stress habe?" in Zweier- oder Dreier-Gruppen aus. Erläuterung der Signale mithilfe einer kurzen Grafik:

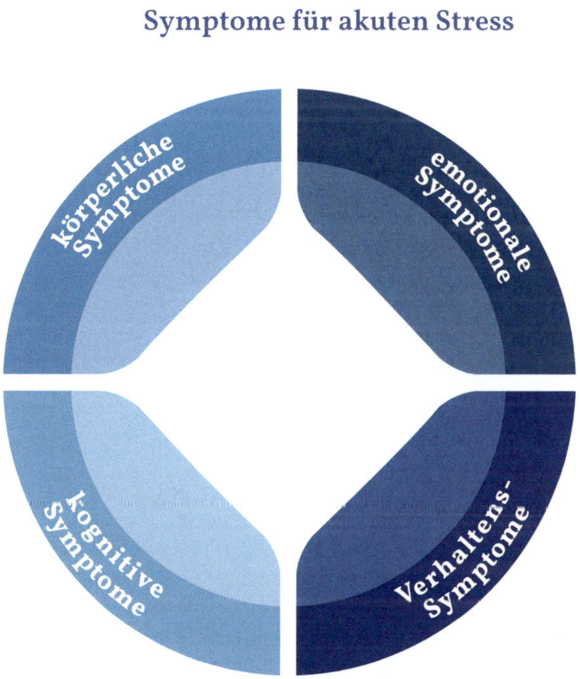

Abb. 5: Stresswarnsignale

Im Zuge der bewussten Selbstwahrnehmung, die u. a. dem frühzeitigen Bemerken von Stresssignalen dient, wird in das Thema Achtsamkeit eingeführt. Der Präventionscoach erläutert Achtsamkeit als Gewahrsein im Hier-und-Jetzt, welches zu Wachheit statt einem halbbewussten Nebel von Gedanken führt. Weiter werden achtsames Bemerken, Zulassen und Akzeptieren sowie Nicht-Wertung und stetiges Zurücklenken der Gedanken auf bewusste Wahrnehmung kurz erläutert.

Daran schließt sich die Übung 2 an:

Instruktion in die Atemmeditation

10-minütige Atemmeditation (Beispielanleitung downloadbar)
(Einstieg in die formale Achtsamkeitsmeditation).

Weiterführend erläutert der Präventionscoach, dass achtsame Wahrnehmung auch in jeglicher alltäglichen Handlung möglich ist und so die Achtsamkeit zur Stressbewältigung in den Alltag integriert werden kann (sogenannte informale Achtsamkeitsmeditation).

Festlegen von einer Alltagstätigkeit, bei der zu Hause achtsames Wahrnehmen erprobt werden soll. Diese werden in dem „Mein MSBB-Gesundheitsprogramm" unter dem Punkt „Übungen der Woche" eingetragen.

Um Achtsamkeit zu festigen und zu vertiefen, wird regelmäßiges Üben, bei jeglicher Stimmungslage, betont. Die Teilnehmer_innen sollen überlegen, wann sie 5 oder besser 10 Minuten formale Achtsamkeitsübungen einbauen können und das Stresstagebuch führen, welches kurz erläutert wird.

5.2.4 Hausaufgabe für die nächste Woche

- Versuch, eine Alltagstätigkeit am Tag in Achtsamkeit zu verrichten
- 5-10 Minuten Atemmeditation (wer darin geübt ist, gerne auch länger)
- Ausfüllen des persönlichen Stresstagebuchs

5.2.5 Abschluss

1-2 Minuten Stille

5.3 Modul 3: Die eigenen Stressreaktionsmuster

	Zeit	Thema	Ziele	Inhalt	Methodik / Material
Ankommens-ritual	5 Min.	Aktuelle Befindlichkeit	Gemeinsames Ankommen	1 Min. Stille Blitzlicht zur Befindlichkeit; Formulieren und gedankliches Ablegen von belastenden/ablenkenden Gedanken	Blitzlicht in der Gesamtgruppe; Sitz- bzw. Stuhlkreis
Hauptteil	30 Min.	Individuelle Stresssymptome und -reaktionsmuster	TN erkennen, wie unterschiedlich individuelle Reaktionsmuster auf Stress sein können	Beispielhafte Diskussion anhand von zwei oder drei Stresstagebüchern der TN der vergangenen Woche	Kleingruppenarbeit Plenum
	10 Min.	Erweitertes Stressmodell	TN lernen unterschiedliche Formen der Stressbewältigung kennen	Wiederholung des transaktionalen Stressmodells, Erweiterung emotions- und problemzentrierte Stressbewältigung. Achtsamkeit zur Bewusstwerdung von Symptomen, Reaktionen und Bewertungen	Informationsvermittlung, Übung zur persönlichen Bezugnahme; Leitfragen zeigen (Beamer mit ppt oder Flipchart)
	30 Min.	Achtsamkeitsübung geführte Reise durch den Körper	TN üben die achtsame Fokussierung auf den Körper	Körperreise angeleitet, anschließend Reflexion	Übung in der Gruppe unter Anleitung, Reflexion
	10 Min.	Notfallübung für stressige Situationen	Vermittlung einer Notfallübung für Stress-Momente	Einüben der 2-min-Antistressübung. Anschließend Reflexion im Plenum	Übung in der Gruppe unter Anleitung, Reflexion
Abschluss	5 Min.	Kurze Reflexion	Aktuelle Befindlichkeit erfahren Abschluss	Wochenplan mit Aufgaben 1 Min. Stille	Übungen der Woche: **Stresstagebuch und Meditation üben** **1-2 Körperreisen**

Tab. 4: Ablauf Modul 3

5.3.1 Ankommensritual

1-2 Minuten Stille

Anschließend ein Blitzlicht in der Gesamtgruppe. Zu Beginn können Teilnehmer_innen im Kreis sitzend etwa zwei Sätze zu ihrer Befindlichkeit und ggf. aktuellen belastenden oder ablenkenden Gedanken äußern.

Im Plenum wird thematisiert, dass über die Erfahrungen mit dem Stresstagebuch gesprochen werden soll. Dazu überlegen sich die Teilnehmer_innen Antworten zu den nachfolgend aufgeführten Fragen.

- Was bringt mich in Stress? (Ansatzpunkt Stressoren)
- Wodurch bringe ich mich selbst in Stress? (Ansatzpunkt Kognitionen, Bewertung, mentale/emotionsfokussierte Stressbewältigung)
- Wie erlebe ich Stress – auf der körperlichen und der Gefühlsebene?
- Und wie ändert sich mein Verhalten im Stress?

Diese Fragen werden in Dreier-Gruppen diskutiert. Anschließend wird im Plenum über die Erfahrungen gesprochen. In der Runde stellen einige Teilnehmer_innen ihre Antworten vor. Die Beantwortung der Fragen bereitet auf zwei Ansatzpunkte der Stressbewältigung vor: Stressoren sowie Kognitionen/Bewertungen. Der Ansatzpunkt „Stressreaktion" wird hier noch nicht thematisiert.

Anschließend erweitert der Präventionscoach das in Modul 2 vorgestellte transaktionale Stressmodell nun um emotions- und problemfokussiertes Coping.

Er wiederholt kurz die Bewertungsprozesse. Danach wird erläutert, dass problemfokussiertes Coping bedeutet, an der Situation etwas zu ändern. Ansatzpunkte können die auslösenden Stressoren sein, aber auch Faktoren, die dazu beitragen, dass der Stress aufrechterhalten bleibt. Emotionsfokussiertes Coping kann der Präventionscoach erklären, indem er Bezug auf die Bewertungsmuster nimmt und auf die Emotionen, die dabei ausgelöst werden können. Besonders in nicht lösbaren Situationen helfen Gedanken oder Übungen, die unsere Emotionen beeinflussen (Teil der Achtsamkeitsübung).

Der Präventionscoach beschreibt, dass manchmal jedoch nicht verhindert werden kann, dass Stressoren uns in Stress geraten lassen. Wenn eine Stressreaktion auftritt, dann besteht der Ansatzpunkt darin, mit dieser durch palliativ-regenerative Stressbewältigung umzugehen. Dies bedeutet Ausgleich oder Entspannung, z. B. durch Entspannungsübungen oder Bewegung.

Unter dem Titel „Persönliche Stresskompetenz" werden anhand von Abbildung 6 diese Ansatzpunkte für die Stressbewältigung vorgestellt:

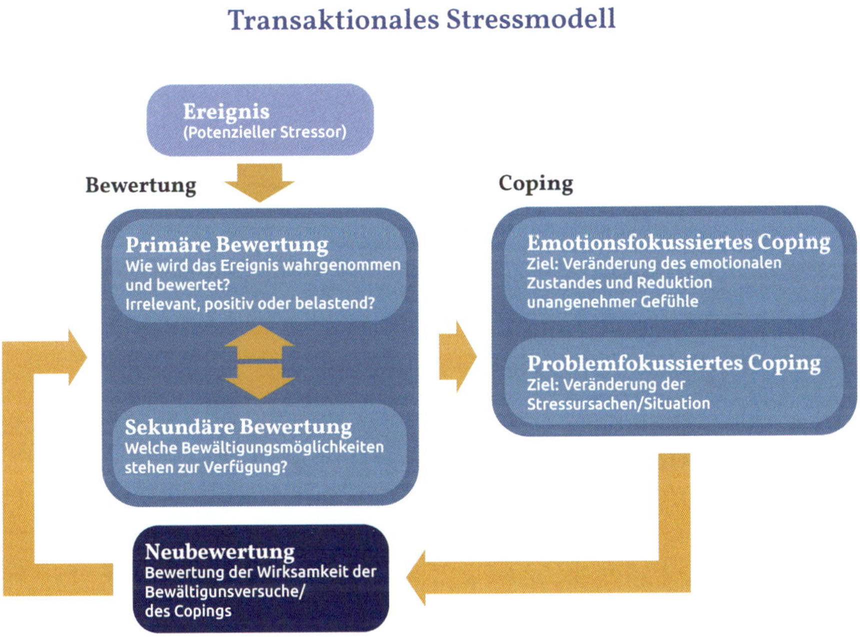

Abb. 6: In dieser Grafik wird deutlich, wie Coping die Stressreaktion beeinflussen kann. (In Anlehnung an Heinrichs et al.). [27]

Der Präventionscoach erklärt anhand von Abbildung 7 weiter, dass Konflikte oder Probleme meist aus lösbaren und unlösbaren Anteilen bestehen. Zur Bewältigung eines Stresszustandes gilt es, diese Anteile zu erkennen. Dazu kann Distanz und ein Innehalten für bewusste Wahrnehmung helfen. In diesem Zusammenhang wird beschrieben, dass bei Stress meist unbewusste, oft gleichförmige Reaktionen und Gedanken (auch irrationale Gedanken) auftreten. Achtsamkeit übt hingegen, sich in jedem Moment bewusst zu sein, was gerade passiert. Es erfordert Übung, nicht von solchen Gedanken absorbiert zu werden und im Autopiloten (sozusagen halbbewusst) zu agieren. Die folgende Übung soll dazu dienen, achtsam wahrzunehmen und bewusst im Moment zu sein, wobei bemerkt wird, wie (oft) der Geist einfach abschweift und wie schwer es ist, die Aufmerksamkeit auf das Hier und Jetzt zu fokussieren.

Abb. 7: Für die Stressbewältigung gibt es verschiedene Ansatzpunkte: problemfokussierte und emotionsfokussierte Bewältigung sowie einfach Ausgleich und Entspannung im Alltag.

5.3.3 Die geführte Körperreise

Falls bis zu diesem Zeitpunkt aufgrund von vielen Nachfragen oder Ähnlichem mehr Zeit benötigt wurde als eingeplant, kann die Reise-durch-den-Körper-Meditation etwas gekürzt werden. Sie sollte jedoch mindestens 20 Minuten dauern.

Die Teilnehmer_innen legen sich auf eine Matte. Wichtig ist, dass diese Übung wenn möglich im Liegen (auf dem Rücken) ausgeführt wird. Die meisten Menschen benötigen ein kleines Kopfkissen. Wer leicht friert, soll sich zudecken.

Anleitung der Körperreise

- Bequeme Position im Liegen, bequeme Armposition

- Tief ein- und ausatmen, Augen schließen, Abschweifen von Gedanken bemerken und zurücklenken der Konzentration auf die jeweilige Körperregion

- Körperregionen nacheinander wahrnehmen: linker Fuß (Zehen, Fußsohlen, Ferse, Fußspann), linker Unterschenkel (Wade, Schienbein), linkes Knie, linker Oberschenkel, danach dasselbe rechts; daraufhin Hüfte, Po, unterer und mittlerer Rücken, Bauch, oberer Rücken, Brust, Schultern, linker Arm, linke Hand und Finger, rechter Arm, rechte Hand und Finger, Hals, Nacken, Hinterkopf, Gesicht (Kiefer, Augen, Nase, Stirn), Scheitel

- Konzentration auf den gesamten Körper

- Ein- und ausatmen, einzelne Körperregionen langsam bewegen und Augen öffnen

In Dreier-Gruppen werden kurz die Erfahrungen mit der Körperreise ausgetauscht. Viele werden berichten, dass ihre Gedanken auf Wanderschaft gingen, manche sind sicherlich auch kurz eingenickt. Der Präventionscoach soll betonen, dass dies völlig normal ist und nicht etwa ein Zeichen für eine schlecht ausgeführte Übung.

Der Präventionscoach erklärt, wie durch Achtsamkeitsübungen gelernt werden kann, Situationen auszuhalten und schwierigen Dingen, „der gesamten Katastrophe des Lebens", zu begegnen und diese klarer zu betrachten. Es wird betont, dass – auch wenn dies ein Nebeneffekt sein kann – die Körperreise nicht primär der Entspannung dient. Ihr Hauptzweck ist das Üben des Gewahrseins im Moment.

5.3.4 Notfallübung für stressige Situationen

Diese Übung hat den Zweck, einmal aus einer belastenden Situation auszusteigen, quasi Atem zu schöpfen, um dann besser entscheiden zu können, was als Nächstes zu tun ist. Sie wird daher manchmal auch „breathing-space" genannt.

Die Übung besteht aus drei Schritten.

1) Egal, ob man gerade sitzt oder steht: Augen schließen und die Aufmerksamkeit nach innen richten, auf das, was gerade da ist in Körper und Geist: vielleicht Gefühle von Angst, Lähmung, Aggression, Verspannungen im Körper, Druckgefühl im Magen – was immer gerade im Bereich der Körperempfindungen und auf der emotionalen und gedanklichen Ebene da ist, ohne etwas verändern zu wollen. Dauer ungefähr eine Minute.

2) Die Aufmerksamkeit auf den Atem richten. Spüren, wie sich die Brust hebt und senkt, die Bauchdecke sich bewegt, der Atem vielleicht an den Nasenlöchern vorbeistreicht. Dauer ungefähr eine Minute.

3) Das Bewusstsein wieder weit werden lassen: welche Gefühle, Gedanken und Empfindungen sind jetzt präsent? Wie ist die Haltung des Körpers im Raum? Dauer ungefähr eine Minute.

Diese Übung reicht oft aus, um Abstand zu einem Stressauslöser zu bekommen und die Situation neu zu bewerten. Sie sollte immer wieder einmal im Alltag geübt werden, damit sie im „Ernstfall" einer belastenden Situation vertraut ist.

Es ist möglich, anschließend an dieser Stelle bereits eine Hinleitung zu den nächsten Modulen zu geben.

Auf die Einheiten zu Stress folgen in den nächsten Modulen zunächst zwei Einheiten zu achtsamkeitsbasierter Ernährung. Ernährung kann als Ventil genutzt werden, um Stress abzubauen, z. B. dient manchen Menschen eine „kulinarische Selbstbelohnung" zum Frustabbau.[28] Wird diese Form der Stressbewältigung übermäßig häufig angewendet, kann das Wohlbefinden beeinträchtigt werden und Übergewicht wiederum zu Stress führen. Im stressigen Alltag werden auch gerne Convenience-Produkte verzehrt, welche eine stressfreie, bequeme Zubereitung versprechen. Folge dessen kann sein, dass sich die Stressspirale verstärkt, Energie fehlt oder Unwohlsein durch Gewichtszunahme entsteht. Vielfach hängen die Einheiten im Handlungsfeld achtsamkeitsbasierte Ernährung mit Stressvorbeugung und -bewältigung zusammen. Das übergreifende Element der Achtsamkeit kann zu einer verantwortungsvollen, bedürfnisorientierten Selbstfürsorge beitragen, die ein generelles Wohlbefinden stärken kann.

Körperliche Fitness ist als ein Schutzfaktor gegenüber chronischem Stress bekannt. Die Module aus dem Handlungsfeld Bewegung bauen somit diesen Schutzfaktor aus. Bewegung kann als erfolgreiche Entspannungsmethode dienen, die als regelmäßiges Element in den Alltag integriert werden sollte. Gleichzeitig wird das individuell richtige Ausmaß an Bewegung betont, welches durch achtsame Körperwahrnehmung besser bestimmt werden kann. Denn auch Überanstrengung kann zu Stress führen. Durch Bewegung können zudem Stresshormone abgebaut und die Widerstandskraft bei Belastungen erhöht werden.[29]

5.3.5 Hausaufgabe für die nächste Woche

- 1-2 x breathing-space pro Tag[30]
- 5-10 Minuten Atemmeditation
  (wer darin geübt ist, gerne auch länger) pro Tag
- 1-2 Körperreisen
- Ausfüllen des persönlichen Stresstagebuchs

5.3.6 Abschluss

1-2 Minuten Stille

5.4 Modul 4: Der Einfluss von Stress auf die Ernährung

	Zeit	Thema	Ziele	Inhalt	Methodik / Material
Ankommens-ritual	5 Min.	Aktuelle Befindlichkeit	Ankommen und Begrüßen der TN	1 Min. Stille Blitzlicht zur Befindlichkeit; Formulieren und gedankliches Ablegen von belastenden/ablenkenden Gedanken	Blitzlicht in der Gesamtgruppe; Sitz- bzw. Stuhlkreis
Hauptteil	25 Min.	Zusammenhang Ernährung, Stress und Gesundheit	Bewusstseinsbildung und Sensibilisierung für den Einfluss von Stress auf das Ernährungsverhalten	Gemeinsame Beantwortung der Gesundheitsfragen: Welchen Einfluss hat Stress auf die Ernährung und umgekehrt?	Informationsvermittlung in der Gruppe, motivationale Intervention; Ressourcenorientiertes Arbeiten
	30 Min.	„Rosinenübung"	Achtsamkeitsübung: Bewusstes Wahnehmen des Essvorgangs	Angeleitetes achtsames Essen eines kleinen Nahrungsmittels: Nuss, Schokoladentäfelchen oder Obstscheibe	Angeleitete Übung Anschließend Kleingruppe und Plenum
	25 Min.	Stress auf der Mikroebene	Verständnis über die Wirkung von Stress auf die Zelle	Grundlagen oxidativer Stress, Zellschutz durch gesunde Ernährung	Informationsvermittlung in der Gruppe (Beamer und Flipchart)
Abschluss	5 Min.	Kurze Reflexion	Aktuelle Befindlichkeit erfahren Abschluss	Wochenplan mit Aufgaben 1 Min. Stille	Übungen der Woche: Eine achtsame Mahlzeit am Tag Atemmeditation oder Körperreise

Tab. 5: Ablauf Modul 4

5.4.1 Ankommensritual

1-2 Minuten Stille

Anschließend ein Blitzlicht in der Gesamtgruppe. Zu Beginn können Teilnehmer_innen im Kreis sitzend etwa zwei Sätze zu ihrer Befindlichkeit und ggf. aktuellen belastenden oder ablenkenden Gedanken äußern.

5.4.2 Hauptteil: Zusammenhang Ernährung und Gesundheit

Als Einstieg in die Theorie wird zunächst in offener Runde die Frage behandelt, was eine gesunde Ernährung ausmacht.

Was macht eine gesunde Ernährung aus?

Eine gesunde Ernährung zeichnet sich dadurch aus, dass sie von ihrer Energie her ausgewogen ist und notwendige Nährstoffe in ausreichender Menge und notwendiger Verfügbarkeit enthält.

Anschließend werden die Teilnehmer_innen gefragt, welchen Einfluss Ernährung auf die eigene Gesundheit hat.

Welchen Einfluss hat Ernährung auf die eigene Gesundheit?

Eine gesunde Ernährung kann zur Verhütung zahlreicher Erkrankungen beitragen, die Konzentration und Leistungsfähigkeit fördern und zur Steigerung der Vitalität und des eigenen Wohlbefindens beitragen.

Diese Gesundheitsfragen zielen auf eine Sensibilisierung eines gesundheitsfördernden Ernährungsverhaltens bei den Teilnehmer_innen.

Die offenen Fragen werden gemeinsam durch die Gruppe beantwortet und am Flipchart notiert. Dies bietet folgende Vorteile:

- Eine gemeinsame Lösungserarbeitung durch die Gruppe kann das „Wir-Gefühl" und somit das Gruppengefüge stärken.
- Der Präventionscoach kann erkennen, wie der allgemeine Wissensstand der Teilnehmer_innen über diese Thematik ist.
- Die gesammelten Antworten am Flipchart können von den Teilnehmer_innen notiert und als Anregung für ihre eigenen Notizen genutzt werden.

5.4.3 Hauptteil: Ernährungsverhalten und zusammenhängende Faktoren

Nun wird den Teilnehmer_innen vermittelt, welche Faktoren in das individuelle Ernährungsverhalten einfließen können. Es soll dadurch ein besseres Verständnis der Komplexität von individuellen Ernährungsgewohnheiten bei den Kursteilnehmer_innen erzeugt werden.

Anschließend geht der Präventionscoach auf die Risiko- und Schutzfaktoren ein, welche aus dem Ernährungsverhalten resultieren können. Diese Informationen ermöglichen es, einen Zusammenhang zwischen Ernährungsgewohnheiten und gesundheitlichen positiven wie auch negativen Konsequenzen zu verstehen.

Die Wirksamkeit der Schutzfaktoren eines gesundheitsfördernden Ernährungsverhaltens kann durch eine Kombination mit vermehrter Bewegung und regelmäßigem Stressbewältigungstraining im Alltag erhöht werden.

Faktoren, die das Ernährungsverhalten beeinflussen

Abb. 8: Sowohl innere als auch äußere Faktoren beeinflussen, wie gesund unsere Ernährung ist.

5.4.4 Hauptteil: Übung achtsames Essen

Es ist sinnvoll, als Coach eine kleine Auswahl an Nahrungsmitteln mit in die Moduleinheit zu nehmen. Klassischerweise können das Rosinen sein oder auch getrocknete Cranberrys. Möglich ist auch, ein kleines Stück hochwertige Schokolade oder ein Stück getrocknetes Obst anzubieten. Wenn sich die Teilnehmer_innen ihr Stück gewählt haben, sollen sie dieses zuerst mit der Hand ertasten und erforschen. Mit allen Sinnen. Zuerst Tast- und Gehörsinn (soweit möglich).

- Wie fühlt sich die Nahrung in Ihrer Hand an? Ist sie besonders weich oder hart? Wie fühlt sich die Oberflächenstruktur an?

- Nun halten Sie sich das Essen vor die Nase und nehmen den Geruch wahr.

- Riecht es intensiv oder eher mild? Assoziieren Sie mit dem Duft ein schönes Erlebnis?

- Führen Sie die Nahrung behutsam in den Mund, erforschen Sie sie mit Ihren Lippen. Konzentrieren Sie sich dann darauf, wie die Köstlichkeit Ihrer Zunge schmeichelt und den Mundraum füllt. Nehmen Sie bewusst die Geschmacksnuancen wahr und genießen Sie es durch langsames, gründliches Kauen.

Es ist möglich, Dreier-Gruppen zum Erfahrungsaustausch fünf Minuten zusammenkommen zu lassen, bevor im Plenum die Erfahrungen diskutiert werden.

5.4.5 Bau- und Energiestoffwechsel

Es folgen Inhalte über Bestandteile der Ernährung sowie Nährstoffe und ihre Funktionen, welche als Grundlage für aufbauende Themenkomplexe im Bereich der ernährungsbasierten Gesundheitsaufklärung dienen. Dabei sollte insbesondere auf die Bedeutung der täglichen Wasserbilanz eingegangen werden, welche zu den wichtigsten Ernährungsaufgaben zählt.

Eine ausreichende Trinkmenge ist wichtig, damit biochemische Stoffwechselvorgänge im menschlichen Organismus problemlos stattfinden können. Zwar trägt zum täglichen Wasserhaushalt auch der Wassergehalt von Lebensmitteln bei, allerdings sollten pro Tag mindestens zwei Liter getrunken werden. Bei der Flüssigkeitszufuhr sollten idealerweise kalorienfreie Getränke ohne künstliche Süßstoffe gewählt werden.

Die Lebensmittel-Hauptgruppe

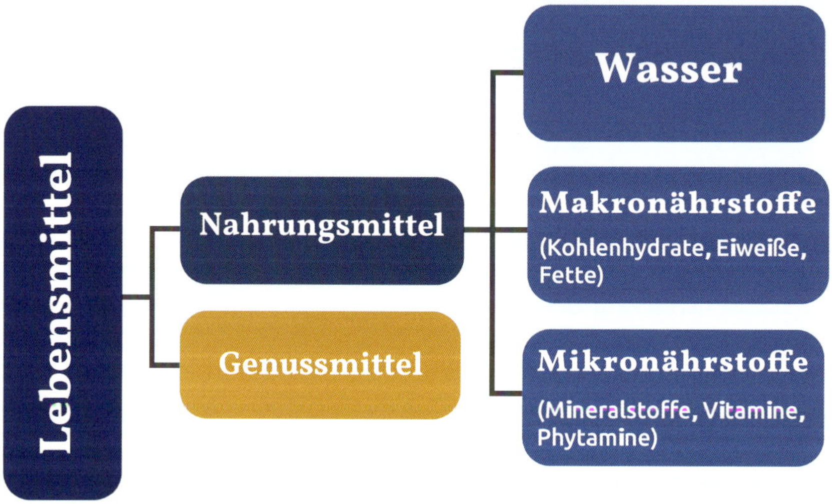

Abb. 9: Wir unterscheiden Nahrungs- und Genussmittel. Letztere enthalten häufig wenig Vitalstoffe.

5.4.6 Die Nährstoffdichte (ND) von Lebensmitteln

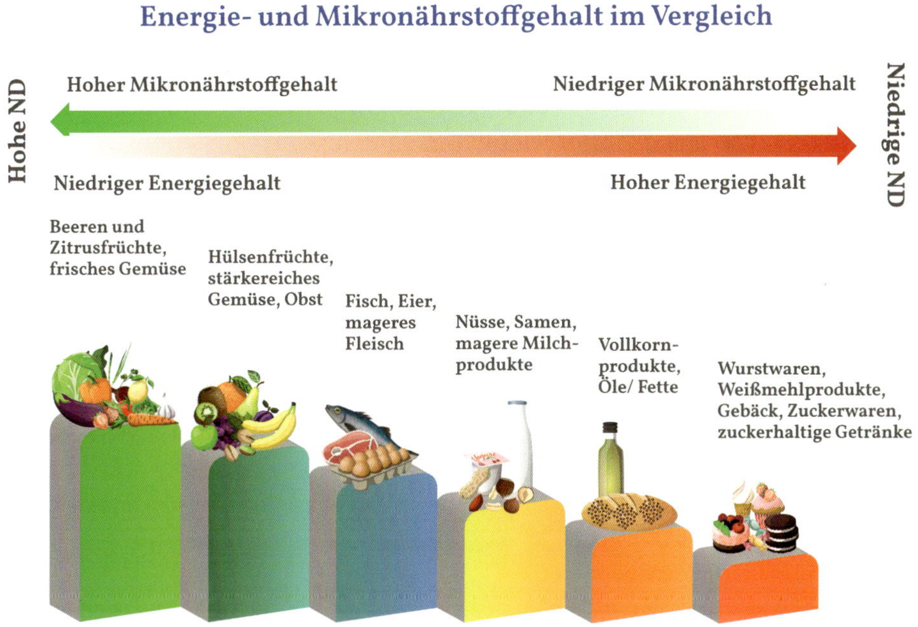

Abb. 10: Häufig gilt: Je höher der Gehalt an Mikronährstoffen, umso niedriger ist der Energiegehalt eines Lebensmittels. Grafik: nach fet e.V.

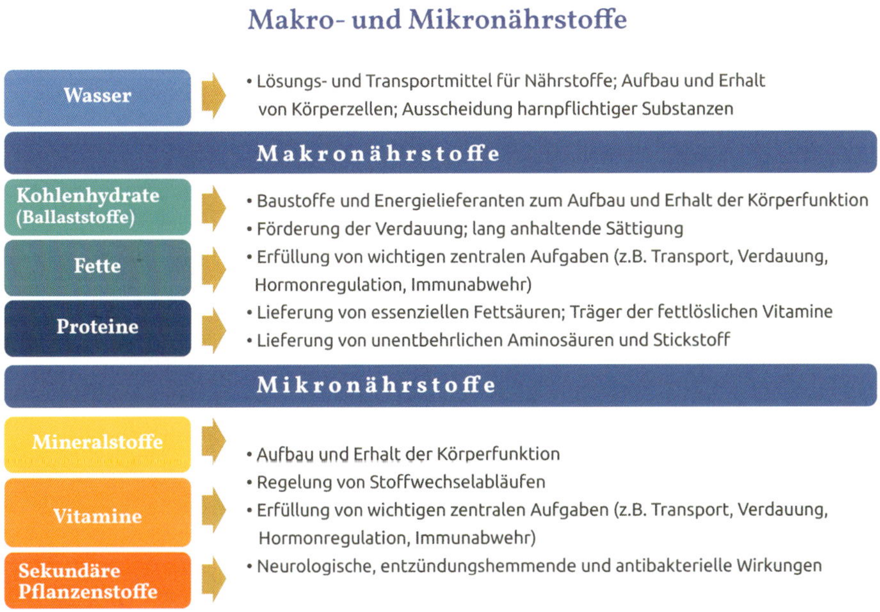

Abb. 11: In dieser Grafik werden die Nahrungsbestandteile und ihre Funktionen aufgelistet.

5.4.7 Nährstoffe und ihre Funktion

Es ist nicht das Ziel dieses Präventionsprogramms, detailliert in den Energiestoffwechsel einzusteigen, Nährstoffgehalt oder -relationen der persönlichen Ernährung zu beurteilen oder eine bestimmte Ernährungsform zu vermitteln. Das Ziel ist es, auch unsere Ernährung als einen Alltagsbestandteil zu begreifen, der Achtsamkeit verdient. Damit verbunden ist in der Regel eine Hinwendung zu gesünderen Ernährungsformen.

Allerdings wird die Gelegenheit genutzt, allgemeine Grundlagen einer gesunden Ernährung zu vermitteln.

Es gibt die allgemeine Empfehlung, mehr energiearme und nährstoffreiche Lebensmittel zu konsumieren. Oft wird ebenfalls empfohlen, dass natürliche Lebensmittel für eine gesunde Ernährung den stark verarbeiteten Lebensmitteln vorzuziehen sind. Allerdings gibt es wenig Studien, die sich überhaupt mit dem Einfluss verarbeiteter Nahrung auf den Menschen und seine Gesundheit beschäftigten. Eine im Jahr 2019 veröffentlichte Untersuchung zeigte bei einer Ernährung mit einem hohen Anteil an stark verarbeiteten Nahrungsmitteln eine höhere Sterblichkeit.[31] In anderen Studien wurde ein höheres Krebsrisiko ermittelt. [32]

Allerdings gibt es in der EU nicht einmal eine einheitliche Definition für unterschiedlich verarbeitete Nahrungsmittel, daher ist die Definition vor allem eine pragmatische.[33]

Brasilien hat daraus schon nationale Verzehrsempfehlungen entwickelt. Nicht oder minimal verarbeitete Lebensmittel sollen die Basis der täglichen Ernährung sein.[34]

Insgesamt jedoch kann aufgrund fehlender einheitlicher Definitionen und nicht ausreichender Studienlage keine evidenzbasierte Aussage darüber getroffen werden, welchen Einfluss der Verarbeitungsgrad von Lebensmitteln auf die Gesundheit hat. Es kann aber sicher nicht falsch sein, zu empfehlen, nicht oder wenig verarbeitete Lebensmittel dem Verzehr sehr stark industriell verarbeiteter Lebensmittel vorzuziehen. Der Konsum von Geschmacksverstärkern wird so reduziert, der achtsame Genuss der Lebensmittel erleichtert.

5.4.8 Stress auf der Mikroebene

Stress gibt es nicht nur auf der Ebene des Gesamtorganismus, sondern auch auf der Zellebene. Ursache sind die sogenannten freien Radikale, Atome oder Moleküle mit einem ungepaarten Elektron. Sie sind hochreaktiv und in der Lage, wichtige Zellstrukturen zu schädigen, z.B. Proteine, DNS, Zellmembran, Rezeptoren usw. Freie Radikale entstehen im Körper bei der Energiegewinnung. Gerade durch die Fähigkeit, elementaren Sauerstoff im Energiestoffwechsel zu nutzen, haben wir in der Evolution zwar ein effizientes, aber auch riskantes System entwickelt, das hochreaktive Sauerstoffspezies produzieren kann. Aber auch äußere Einflüsse wie falsche Ernährung, zu viel Sonnenbaden, Rauchen oder die Einnahme bestimmter Arzneimittel können die freien Radikale erhöhen.

Der Körper hat natürlich Schutzsysteme gegen dieses Schädigungspotenzial entwickelt, zum Beispiel antioxidative Enzyme. Außerdem haben wir die Möglichkeit, mithilfe einer gesunden Ernährung Schutzstoffe aufzunehmen. Diese Antioxidantien sind chemische Verbindungen, die dazu fähig sind, die Oxidation von Biomolekülen zu verhindern bzw. zu modulieren. Sie sind also eine Art Radikalfänger.

Besonders wichtig sind die Vitamine C und E (Achtung bei E: fettlöslich, daher besteht die Gefahr der Überdosierung mit Nebenwirkungen, wenn es einfach in hoher Dosis zugeführt wird!). Sehr wichtig sind auch bioaktive Pflanzenstoffe wie die Polyphenole (enthalten in Gemüse und Obst allgemein, besonders in Zitrusfrüchten, Beeren und Trauben) oder die Carotinoide (enthalten in Obst und Gemüse allgemein, besonders in Zitrusfrüchten).

5.4.9 Hausaufgabe für die nächste Woche

- Eine Mahlzeit am Tag in Achtsamkeit zu sich nehmen (d. h. nicht dabei lesen, TV sehen, ins Handy schauen, mit anderen reden etc.)
- 10 Minuten Atemmeditation (wer darin geübt ist, gerne auch länger) oder Körperreise

5.4.10 Abschluss

1-2 Minuten Stille

5.5 Modul 5: Individuelle Ernährung bei Stress

	Zeit	Thema	Ziele	Inhalt	Methodik / Material
Ankommens-ritual	5 Min.	Aktuelle Befindlichkeit	Ankommen und Begrüßung der TN	1 Min. Stille Blitzlicht zur Befindlichkeit; Formulieren und gedankliches Ablegen von belastenden/ablenkenden Gedanken	Blitzlicht in der Gesamtgruppe; Sitz- bzw. Stuhlkreis
Hauptteil	20 Min.	Erfahrungsaustausch achtsames Essen	Unterschiede und Gemeinsamkeiten erfahren	Diskussion der Erfahrungen mit der Hausaufgabe „Mahlzeit in Achtsamkeit"	Kleingruppenarbeit Plenum
	15 Min.	Achtsamkeit	Achtsames Erfahren des gegenwärtigen Augenblicks	Achtsamkeitsmeditation	Meditation angeleitet; Herausgabe der aufgenommenen Meditation
	20 Min.	Das individuelle Ernährungsverhalten bei Stress	Erkenntnisse über das eigene, individuelle Ernährungsverhalten	Stress als Einflussfaktor auf das individuelle Ernährungsverhalten	Informationsvermittlung in der Gruppe, Informationsblatt
	25 Min.	Achtsame Ernährung im Alltag	Entwickeln einer Selbstverantwortung für die Ernährung	Herausarbeiten von Änderungsstrategien für stressbedingte Fehlernährung	Verhaltens- und bedürfnisorientierte Beratung und Informationsvermittlung in der Gruppe, Empowerment
Abschluss	5 Min.	Kurze Reflexion	Aktuelle Befindlichkeit erfahren Abschluss	Wochenplan mit Aufgaben 1 min. Stille	Übungen der Woche: Eine Meditation pro Tag und Essen in Achtsamkeit 1-2 Körperreisen

Tab. 6: Ablauf Modul 5

5.5.1 Ankommensritual

1-2 Minuten Stille

Anschließend ein Blitzlicht in der Gesamtgruppe. Zu Beginn können Teilnehmer_innen im Kreis sitzend etwa zwei Sätze zu ihrer Befindlichkeit und ggf. aktuellen belastenden oder ablenkenden Gedanken äußern.

5.5.2 Hauptteil: Erfahrungsaustausch achtsames Essen

Dreier-Gruppen bilden lassen, circa zehn Minuten Erfahrungsaustausch zur „Mahlzeit in Achtsamkeit“. Anschließend Plenum.

5.5.3 Hauptteil: Achtsamkeitsmeditation

Anleitung der Atemmeditation, dieses Mal auch mit dem Fokus auf Körperempfindungen, eigene Gefühle und Gedanken.

Wer eine eigene Meditationsanleitung aufgenommen hat, sollte sie spätestens heute den Teilnehmer_innen zur Verfügung stellen.

Es bietet sich an, die Meditation als Sprachdatei mit dem Handy oder Smartphone aufzunehmen und den Teilnehmer_innen als Audio-Datei via Mail, WhatsApp/Telegram oder auf einen USB-Stick zukommen zu lassen.

5.5.4 Hauptteil: Das individuelle Ernährungsverhalten

In der Mode weiß man, dass „one size does not fit all" – eine Kleidergröße nicht allen passt. An ein paar Menschen sieht die Standardgröße und der Standardschnitt einer Hose wie maßgeschneidert aus, die meisten jedoch werden sich in einer Einheitsgröße nicht wohlfühlen: zu eng, zu kurz, zu weit, zu lang … .

Ähnlich verhält es sich auch mit der Ernährung. Der eine verträgt mehr kohlenhydratreiche Nahrung, der andere mehr fett- oder proteinlastige Nahrungsmittel. Der eine kann Milch und Milchprodukte ohne Probleme konsumieren, beim Nächsten mangelt es an den notwendigen Verdauungsenzymen (von Allergien ganz zu schweigen …).

Das Ziel eines achtsamen Umgangs mit der Ernährung ist demnach, achtsam zu sein dafür, was unsere Ernährungsgewohnheiten mit uns machen. Wie bekommt mir das Essen? Werde ich müde und schläfrig danach? Hält es mich lange satt oder bin ich bald nach dem Essen wieder hungrig? Wann esse ich überhaupt – wenn ich hungrig bin oder wenn ich Appetit habe oder vielleicht nur aus Gewohnheit, obwohl ich weder das eine noch das andere verspüre?

An dieser Stelle wird noch einmal auf die unterschiedlichen Einflussfaktoren auf die Ernährung eingegangen. Die genetische Unterschiedlichkeit wird an der Faktorengruppe „Genetik" festgemacht.

Anhand des Schaubildes rechts (Abb. 12) lassen sich leicht die unterschiedlichen Faktoren und Faktorengruppen, die die Ernährung beeinflussen, aufzeigen.

Einflussfaktoren auf das Körpergewicht

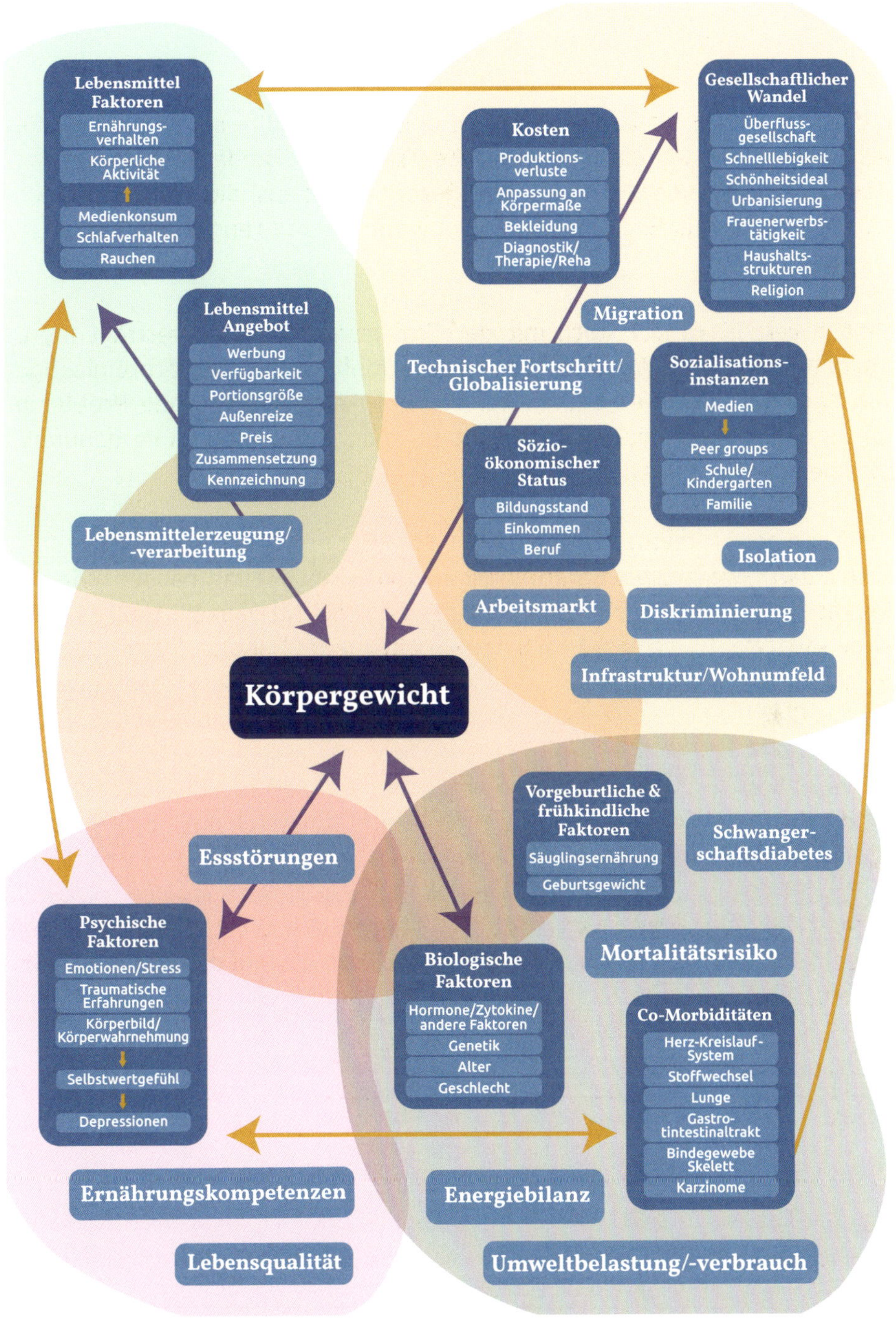

Abb.12: Biologische, psychische, sozial-ökonomische und Lebensmittel-Faktoren beeinflussen sich und das Körpergewicht auf eine vielfältige Art und Weise.

Es lohnt sich, zur Steigerung der Motivation einer Ernährungsumstellung auch kurz auf das Thema Epigenetik einzugehen.

Epigenetik lässt sich einfach mit dem Bild einer Reisegesellschaft, die mit der Bahn fährt, erklären. Die gesamte Bahnstrecke verkörpert das menschliche Genom. Die Haltestellen sind die relevanten Gene, an denen viel Aktivität (Ein-/Aussteigen bzw. Stoffwechselprozesse) stattfinden kann. Während die Bahnstrecke sich zeitlebens nicht mehr ändert, ist der Fahrplan in Maßen variabel. Man kann selbst bestimmen, wo gehalten wird und an welchen Bahnhöfen viel Aktivität entfaltet wird.

Genauso verhält es sich mit der Epigenetik. Die genetische Hardware ist uns mehr oder weniger in die Wiege gelegt worden. Die Art und Weise jedoch, wie wir damit arbeiten, können wir teilweise mitbestimmen.

Ein Ergebnis der epigenetischen Forschung beispielsweise ist, dass die Art und Weise, wie sich jemand ernährt, die Aktivität bestimmter gesundheitsrelevanter Gene beeinflusst. Und diese epigenetische Aktivität kann von uns auf nachfolgende Generationen „vererbt“ werden. Etwas überspitzt formuliert lässt sich also schlussfolgern: Die Art und Weise, wie ich mich jetzt ernähre, wird die Gesundheit meiner Kinder und Kindeskinder beeinflussen.

Dies sollte noch einmal die Wichtigkeit einer achtsamen, gesundheitsorientierten Ernährung unterstreichen.

Das sogenannte Humangenomprojekt wurde vor ungefähr 30 Jahren initiiert, um das Ergbut des Menschen zu entschlüsseln. Mittlerweile haben wir eine Fülle interessanter Details erfahren:

- *Alle Menschen haben ungefähr 99,9% des Erbgutes gemeinsam. Selbst mit unserem nahen Verwandten, dem Schimpansen, beträgt die Gemeinsamkeit noch rund 98,5%!*

- *Unser Genom enthält ungefähr 3 Milliarden Basenpaare. Das heißt auch, dass wir mindestens 10 Millionen Basenpaare im Erbgut haben, die deutliche individuelle Differenzen aufweisen können.*

- *Moderne Europäer tragen im Durchschnitt mindestens 1% der Allele (Varianten eines Gens) des Neandertalers in uns.*

Auch wenn also die allermeisten Erbgut-Anteile zwischen uns gleich sind, so reicht der ungleiche Rest aus, um deutliche Unterschiede zwischen uns Individuen zu erklären:

Unterschiede bezüglich einer Vielzahl von Merkmalen und Merkmalskomplexen wie Körpergröße, Hautfarbe, Anfälligkeit für verschiedene Krankheiten und möglicherweise auch psychische Faktoren. Natürlich hat ein jeder von uns auch einen ganz eigenen Stoffwechsel. Enzyme, Hormone und andere Substanzen, die die Verstoffwechslung unserer drei Hauptnahrungsbestandteile – Eiweiße, Kohlenhydrate und Fette – verantworten, sind individuell unterschiedlich zusammengesetzt. Daraus resultiert, dass es nicht die eine Idealernährung für alle Menschen gibt.

5.5.5 Hauptteil: Gesunde Ernährung im Alltag

In diesem Modulteil soll mit einem achtsamen Blick auf die eigenen Ernährungsgewohnheiten der erste Schritt in Richtung einer gesünderen Ernährung gegangen werden. Es geht hierbei nicht um die Umsetzung bestimmter Ernährungspläne, sondern um allgemeine Maßnahmen, die im Einzelfall sinnvoll sind.

In Dreier-Gruppen sollen sich die Teilnehmer_innen darüber austauschen, welche achtsamen Übungen für sie in den nächsten Wochen angemessen sind. Die Maßnahmen sind nach dem SMART-Prinzip auszuwählen (spezifisch, messbar, akzeptabel/attraktiv, realistisch und terminierbar).[35] Wichtig ist, nur einen ersten Schritt in zwei bis drei Wochen zu tun. Teilnehmer_innen, die hoch motiviert ihre Ernährung grundsätzlich deutlich ändern wollen, sollten darauf hingewiesen werden, dass es hier um das Ausprobieren und Verfestigen eines kleinen Schrittes in Richtung achtsame, gesunde Ernährung geht. Am Anfang zu viel zu wollen, führt häufig zu Überforderungssituationen und Versagenserlebnissen.

Beispielhaft ist hier eine Liste möglicher Interventionen aufgeführt:

- Einmal die Woche kaufe ich vorrangig ökologisch und unter fairen Bedingungen erzeugte Lebensmittel ein.

- Ich trinke mindestens 1,5 Liter pro Tag – am besten Wasser oder andere kalorienfreie Getränke.

- Bei einer Hauptmahlzeit am Tag achte ich besonders auf meine Körpersignale und höre auf zu essen, wenn ich etwa 80% Sättigungsgefühl ereicht habe.

- Immer bevor ich Süßes oder Kuchen esse, horche ich in mich hinein, ob ich Hunger oder Appetit empfinde.

- Ich esse mindestens 3 Portionen Gemüse und 2 Portionen Obst am Tag.

Im Plenum können die individuellen Vorsätze diskutiert werden, dabei ist besonders auf die Umsetzbarkeit zu achten.

Jeder Teilnehmende soll am Ende dieser Stunde eine Intervention für die nächsten Wochen definiert haben.

Als wichtiger Schritt für eine grundsätzliche Ernährungsumstellung kann abschließend schon die 90%-Regel genannt werden: 90% meiner Mahlzeiten entsprechen von Menge und Zusammensetzung einer gesunden Ernährung. Bei jeder 10. Mahlzeit kann „gesündigt" werden, jedoch mit Fokus auf eine ausgewogene Energiebilanz.

5.5.6 Hausaufgabe für die nächste Woche

- Jeden Tag den eigenen, individuellen Impuls für eine achtsame, gesunde Ernährung umsetzen

- 10 min. Atemmeditation pro Tag (wer darin geübt ist, gerne auch länger)

- 1-2 Körperreisen

5.5.7 Abschluss

1-2 Minuten Stille

5.6 Modul 6: Grundlagen der achtsamen Bewegungsübungen

	Zeit	Thema	Ziele	Inhalt	Methodik / Material
Ankommens-ritual	5 Min.	Aktuelle Befindlichkeit	Ankommen und Begrüßung der TN	1 Min. Stille Blitzlicht zur Befindlichkeit; Formulieren und gedankliches Ablegen von belasten-den/ablenkenden Gedanken	Blitzlicht in der Gesamtgruppe; Sitz- bzw. Stuhlkreis
Hauptteil	15 Min.	Erfahrungsaustausch achtsames Essen	Unterschiede und Gemeinsamkeiten erfahren	Diskussion anhand der Erfahrungen mit der Hausaufgabe „Meine Essen-in-Achtsamkeit-Maßnahme“	Kleingruppenarbeit Plenum
	25 Min.	Sport als Anti-Stress-Maßnahme	Körperliche Aktivität als Mittel zur Stressbewältigung begreifen	Körperliche Betätigung und Einfluss auf die Stresshormone; Stressresistenz durch Durchblutungs- und Stoffwechselanregung	Informationsvermittlung i[n] der Gruppe (Beamer und ppt oder Flipchart)
	40 Min.	Formale Achtsamkeitsübung: Yoga	Erfahrung der eigenen Grenzen und des Umgangs damit	Einfache angeleitete Hatha-Yogaübungen; anschließend kurze Reflexion in der Kleingruppe	Angeleitete Übung Erfahrungsaustausch in der Gruppe
Abschluss	5 Min.	Kurze Reflexion	Aktuelle Befindlichkeit erfahren Abschluss	Wochenplan mit Aufgaben 1 Min. Stille	Übungen der Woche: **Eine Yogaübung am Tag, achtsames Essen**

Tab.: 7 Ablauf Modul 6

1-2 Minuten Stille

Anschließend ein Blitzlicht in der Gesamtgruppe. Zu Beginn können Teilnehmer_innen im Kreis sitzend etwa zwei Sätze zu ihrer Befindlichkeit und ggf. aktuellen belastenden oder ablenkenden Gedanken äußern.

5.6.2 Hauptteil: Erfahrungsaustausch achtsames Essen

Im Plenum werden die Erfahrungen mit der individuellen Intervention „Achtsame, gesunde Ernährung“ besprochen. Gegebenenfalls werden Maßnahmen neu formuliert.

5.6.3 Hauptteil: Bedeutung von Bewegung und Sport

Wichtiges Lernziel dieses Tages ist, dass sich der Mensch im Laufe seiner Evolution nicht auf die heutige sitzende Lebensweise angepasst hat. Bewegung hat in Zehntausenden von Jahren, rund 85.000 Generationen, zu seinem Alltag gehört, daran hat sich sein Körper auch genetisch angepasst. Wenige Generationen Wohlstandsgesellschaft haben nicht ausgereicht, um die menschliche Physiologie dem bewegungsarmen Leben vieler Menschen in den westlichen Wohlstandsgesellschaften anzupassen.

Jeder Mensch hat etwas über 650 Muskeln und 350 Gelenke. Und die müssen mobilisiert werden, damit deren Funktion erhalten bleibt und sich keine Beschwerden entwickeln. Es gilt der Grundsatz: use it or lose it! Über die Folgen eines bewegungsarmen Lebensstils wurde schon viel geschrieben. Fast alle der chronischen Erkrankungen, die sogenannten Zivilisationsleiden, sind mit einem inaktiven Lebensstil verbunden.

Die landwirtschaftliche Revolution, die industrielle Revolution und jetzt das digitale Zeitalter haben dazu geführt, dass sich niemand noch groß bewegen muss.

Natürlich gibt es eine Gruppe von Fitnessbegeisterten, die sportliche Leistung manchmal sogar als Lebensinhalt missverstehen, aber die überwiegende Mehrheit der Bundesdeutschen bewegt sich im Alltag zu wenig – eine Tendenz, die mit dem Älterwerden zunimmt.

Schlagwortartig wird postuliert, dass der Mensch ein Bewegungstier sei oder dass das Sitzen das neue Rauchen sei, um die Schädlichkeit der Bewegungsarmut zu verdeutlichen. Erkrankungen, insbesondere Herz-Kreislauf-Erkrankungen und Diabetes, sind entsprechend nicht selten die Folge.

Nach Schätzungen aus den USA werden rund 23 % aller durch chronische Erkrankungen bedingten Todesfälle durch einen Mangel an regelmäßiger körperlicher Aktivität verursacht. [36]

Für Deutschland wurde geschätzt, dass mehr als 6.500 Herz-Kreislauf-Todesfälle pro Jahr vermieden werden könnten, wenn lediglich die Hälfte der körperlich inaktiven Männer im Alter von 40 bis 69 Jahren gemäßigten körperlichen Aktivitäten nachgingen.[37]

Obwohl der organisierte Sport bei uns in Deutschland eine lange Tradition hat, und obwohl schon vor über hundert Jahren Bewegungsübungen für die allgemeine Bevölkerung postuliert wurden, gibt es heute immer noch viele Menschen, die Bewegung mit negativen Empfindungen wie Schweiß, Anstrengung und Überwindung assoziieren.

Das Ziel der folgenden zwei MSBB-Module ist es, wieder eine „Leistungsaufmerksamkeit" zu entwickeln. Sportliche Fitness ist nur ein Nebeneffekt. Der wichtigste Punkt beim Thema Bewegung ist, dass die Teilnehmer_innen lernen, Bewegung wieder als etwas zu begreifen und zu spüren, was ihrem Körper guttut und was eigentlich Bestandteil des gelebten Alltags sein soll.

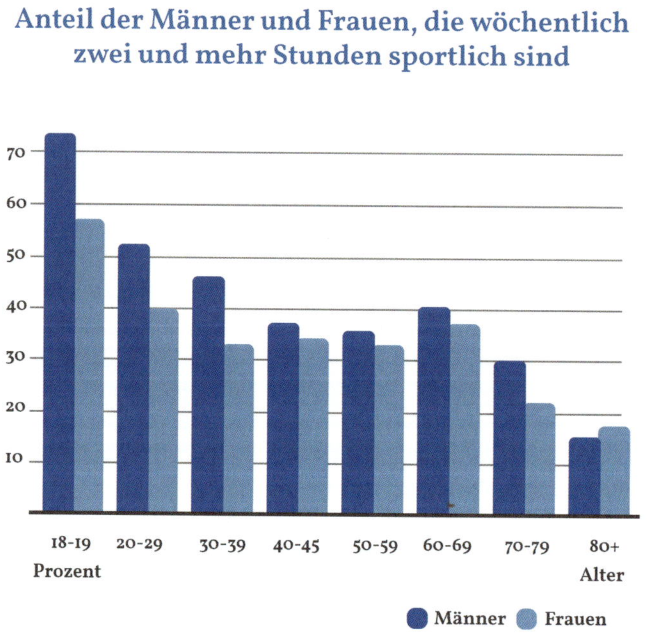

Abb. 13: Angelehnt an RKI: Heft 26 – Körperliche Aktivität aus der Reihe "Gesundheitsberichterstattung des Bundes" 2005

Zusammenfassung der Auswirkungen von körperlicher Aktivität auf die Gesundheit

Lebenserwartung	ΔΔΔ
Risiko von kardiovaskulären Erkrankungen	∇∇∇
Blutdruck	∇∇
Risiko an Darmkrebs zu erkranken	∇∇
Risiko an Diabetes mellitus II zu erkranken	∇∇∇
Beschwerden durch Arthrose	∇
Knochendichte im Kindes- und Jugendalter	ΔΔ
Risiko altersbedingter Stürze	∇∇
Kompetenz zur Alltagsbewältigung im Alter	ΔΔ
Kontrolle des Körpergewichts	Δ
Angst und Depressionen	∇
Allgemeines Wohlbefinden und Lebensqualität	ΔΔ

Δ	Einige Hinweise, dass körperliche Aktivität die Variable steigert
ΔΔ	moderate Hinweise, dass körperliche Aktivität die Variable steigert
ΔΔΔ	starke Hinweise, dass körperliche Aktivität die Variable steigert
∇	einige Hinweise, dass körperliche Aktivität die Variable senkt
∇∇	moderate Hinweise, dass körperliche Aktivität die Variable senkt
∇∇∇	starke Hinweise, dass körperliche Aktivität die Variable senkt

Tab. 8: Angelehnt an RKI Heft 26 – Körperliche Aktivität aus der Reihe "Gesundheitsberichterstattung des Bundes" 2005, Quelle: US Department of Health and Human Services, Sallis

5.6.4 Hauptteil: Yogaübungen

Der Zweck dieser Übungen ist es zu erleben, dass Achtsamkeit auch in Bewegung erfahren werden kann. Während bei der Atemmeditation vor allem der Atem als Anker dient, sind es bei dieser Übung die eigenen Erfahrungen, Gefühle und Gedanken, die bei körperlichen Übungen auftauchen. Die Übungen bestehen aus Haltungen im Sitzen und Liegen sowie im Stehen, die langsam und achtsam ausgeführt werden sollen.

Realistischerweise vermögen Teilnehmer_innen ohne Yoga-Erfahrung und -Affinität nicht einfach 30 bis 45 Minuten am Tag zu üben. Für die Praxis der nächsten Wochen reicht es aus, die liegenden/sitzenden beziehungsweise die stehenden Haltungen täglich abwechselnd zu praktizieren. Es ist besser, die Teilnehmer_innen üben zehn Minuten Yoga am Tag, und dafür regelmäßig, als 30 oder 40 Minuten und dafür nur ein oder zwei Mal pro Woche.

Bieten Sie den Teilnehmer_innen an, dass die Yogaübungen als Erfahrung zwei Wochen lang fast jeden Tag der Woche einfach einmal ausprobiert werden. Ohne die Erwartung, dass sich etwas bessert. Sie sollten sie einfach üben und darauf achten, was und wie sie während der Übungen empfinden.

Lernziele sind weniger orthopädische Verbesserungen (die werden nach längerem Üben automatisch eintreten), sondern vielmehr die Erfahrung, wie man selbst mit eigenen Grenzen umgeht. Wie man diese wahrnimmt und wie man darauf reagiert: Reagieren Sie mit Schonung und Unterforderung oder mit Grenzüberschreitung und Überforderung? Außerdem ist es eine wichtige Lernerfahrung, beständig an einer Sache zu arbeiten, auch wenn nur wenig Zeit ist, die Lust dafür fehlt oder innere Zweifel an der Sinnhaftigkeit auftauchen.

Um die Motivation zu erhalten und die Umsetzbarkeit zu vereinfachen, ist es sinnvoll, die Anleitung für die Übungen für die Teilnehmer_innen aufzunehmen und die Datei an diesem Tag an sie weiterzuleiten – am besten per Mail, WhatsApp oder auf einem USB-Stick.

5.6.5 Hausaufgabe für die nächste Woche

- Jeden Tag den eigenen, individuellen Impuls für eine achtsame, gesunde Ernährung umsetzen

- Jeden Tag die Yogaübungsreihe liegend/sitzend oder stehend machen (jeden Tag abwechseln)

5.6.6 Abschluss

1-2 Minuten Stille

Wer mag, kann auch ein paar Hintergrundinformationen zum Yoga geben.

Es klingt für viele vielleicht überraschend: Yoga ist von der UNESCO in die Liste der immateriellen Kulturgüter der Menschheit aufgenommen worden.

- *Damit würdigt man, dass Yoga in der indischen Gesellschaft eine wichtige Bedeutung hat, nicht nur in den Bereichen Gesundheit und Medizin, sondern auch in der Bildung und Kunst.*
- *Basierend auf der Vereinigung von Körper, Geist und Seele, zielt Yoga auf das mentale, spirituelle und physische Wohlbefinden.*
- *Dafür werden verschiedene Techniken verwendet: Körperübungen, Meditation, Atmungskontrolle und auch spirituelle Praktiken. Traditionell wurde Yoga durch das Meister-Schüler-Prinzip weitergegeben.*

Yoga, wie es im Westen praktiziert wird, unterscheidet sich grundsätzlich von dem traditionellen indischen Yoga, das viel komplexer und eine Form hinduistischer Spiritualität ist. Unser westliches Yoga mit all seinen unterschiedlichen Ausprägungen ist erst ab der Mitte des 19. Jahrhunderts entstanden. Diese Stile wurden beeinflusst durch esoterische Ideen, westliche Psychologie und auch der Trainingslehre. Unser Yoga ist weitgehend säkularisiert. Viele aktuelle Yogastile sind fitness- und wellnessorientiert.

Folgende Abbildungen zeigen eine Auswahl von Yogaübungen für die praktische Anwendung im Rahmen des MSBB-Stressbewältigungsprogramms.

Yogaübungen I

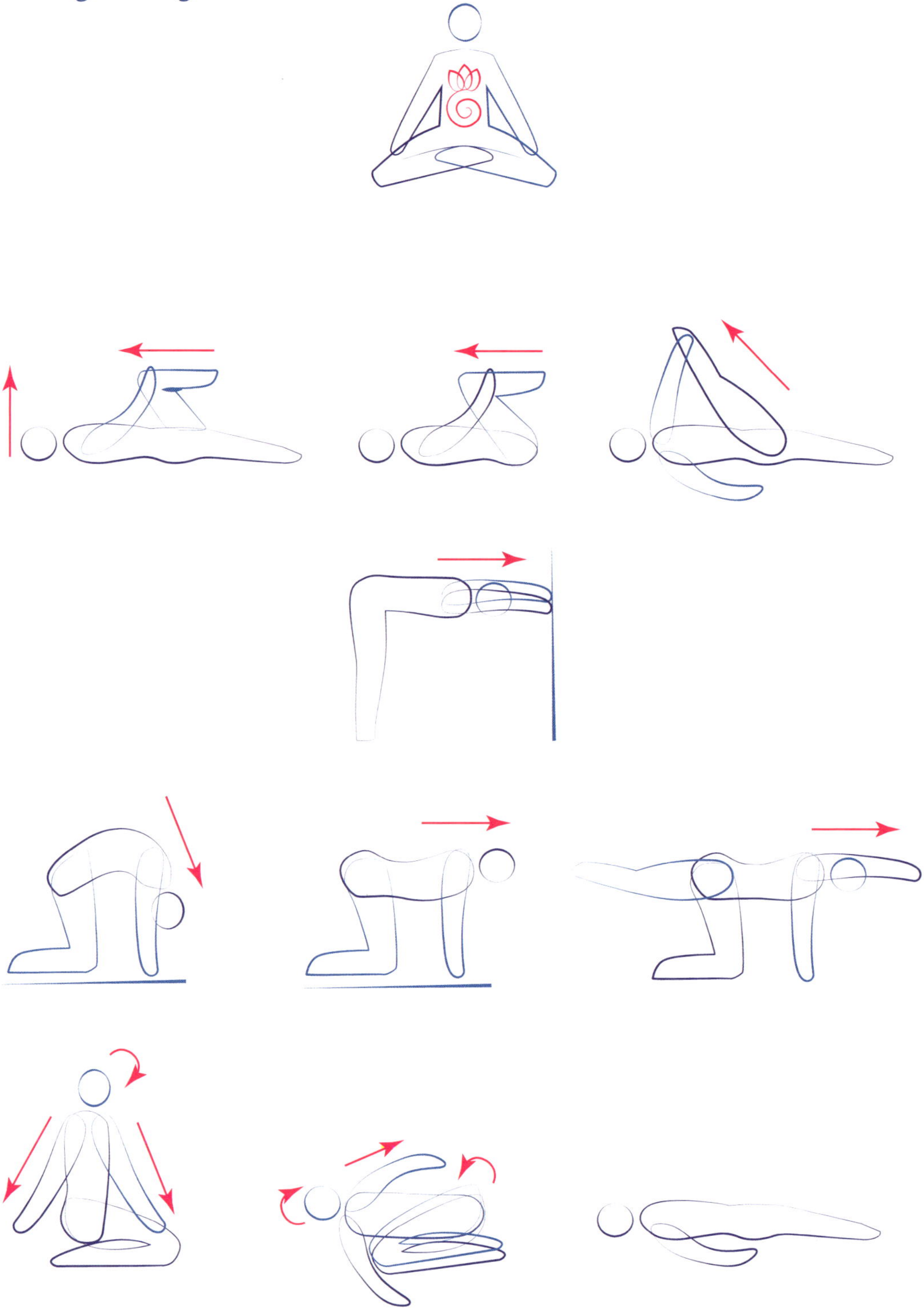

Yogaübungen II

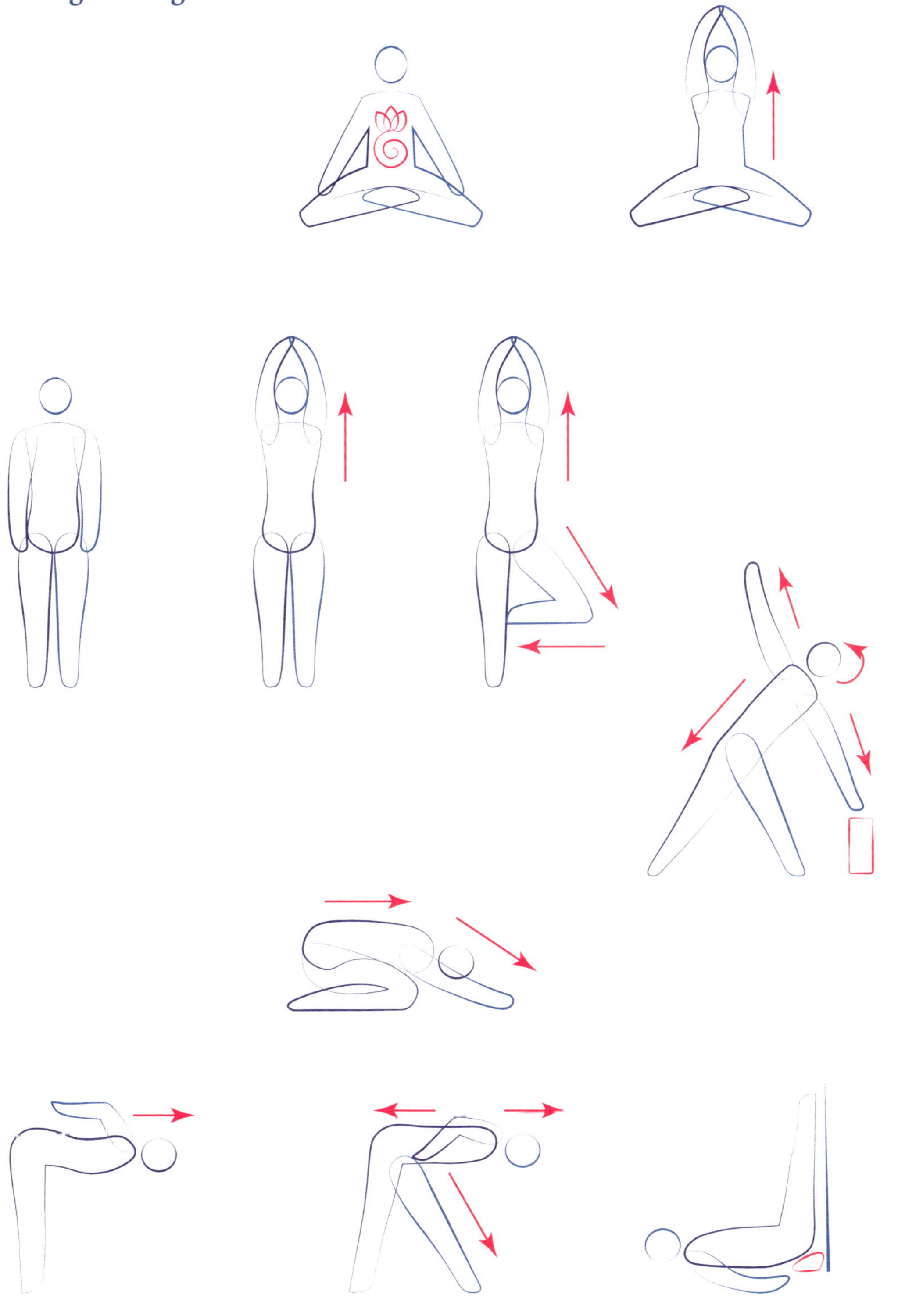

5.7 Modul 7: Mein Bewegungsprogramm als Stressschutz für den Alltag

	Zeit	Thema	Ziele	Inhalt	Methodik / Material
Ankommensritual	5 Min.	Aktuelle Befindlichkeit	Ankommen und Begrüßung der TN	1 Min. Stille Blitzlicht zur Befindlichkeit; Formulieren und gedankliches Ablegen von belastenden/ablenkenden Gedanken	Blitzlicht in der Gesamtgruppe; Sitz- bzw. Stuhlkreis
Hauptteil	30 Min.	Möglichkeiten der Stressreduktion durch Bewegung	Neue Bewegungsmöglichkeiten im Alltag kennenlernen	Basiswissen über unterschiedlicher Bewegungsformen und darüber kennenlernen, wie diese Stress reduzieren helfen	Informationsvermittlung in der Gruppe, Beamer und ppt oder Flipchart
	25 Min.	Formale Übung: Achtsames Gehen	Bewusstes Erfahren des Gehens, Achtsamkeitsübung	Angeleitete Gehmeditation; Anschließend Erfahrungsaustausch in der Kleingruppe	Angeleitete Übung; Erfahrungsaustausch in der Gruppe und im Plenum
	25 Min.	Bewegung – eines meiner Anti-Stress-Mittel	Motivation und Perspektiven für Bewegung als Anti-Stress-Mittel im Alltag schaffen	Anleitung zum Erstellen eines eigenen Bewegungsfahrplans zur Stressreduktion und -prävention	Informationsvermittlung in der Gruppe, Stillarbeit
Abschluss	5 Min.	Kurze Reflexion	Aktuelle Befindlichkeit erfahren Abschluss	Wochenplan mit Aufgaben 1 Min. Stille	Übungen der Woche: **Bewegung in den Tag integrieren; Gehmeditation 5 Min. Tagebuch „Schwierige Gefühle" führen**

Tab. 9: Ablauf Modul 7

5.7.1 Ankommensritual

1-2 Minuten Stille

Anschließend ein Blitzlicht in der Gesamtgruppe. Zu Beginn können Teilnehmer_innen im Kreis sitzend etwa zwei Sätze zu ihrer Befindlichkeit und ggf. aktuellen belastenden oder ablenkenden Gedanken formulieren.

5.7.2 Hauptteil: Gängige Sportarten und Möglichkeiten der Bewegung

In diesem Modul wird kurz grundsätzlich auf die verschiedenen Formen körperlichen Trainings eingegangen.

Die Teilnehmer_innen sollen ein Verständnis dafür bekommen, dass wir Nahrung zu uns nehmen müssen, um den Baustoffwechsel und den Energiestoffwechsel zu versorgen.

Energiebereitstellung im Muskel

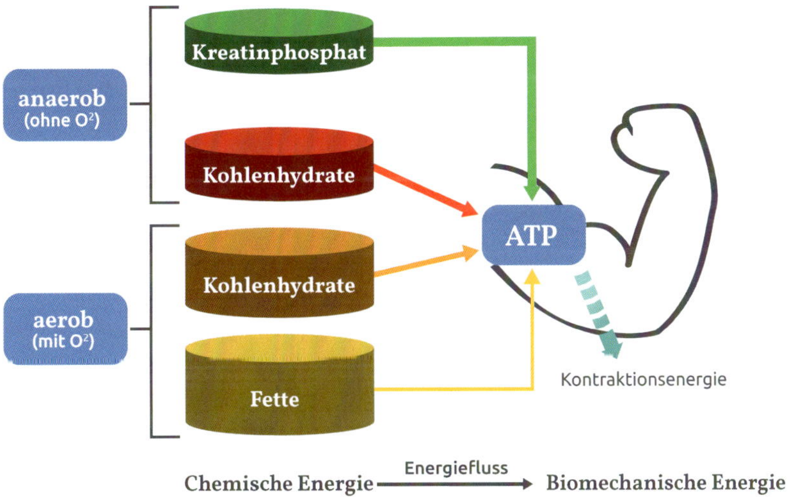

Abb. 14: Energiebereitstellung im Muskel kann auf verschiedenen Wegen erfolgen.

Körperliches Training kann letztlich die unterschiedlichen Energiegewinnungsebenen betreffen. Bei dem sogenannten aeroben Training beispielsweise wird nicht allzu anstrengend trainiert, im Idealfall kann man sich sogar noch beim Trainieren unterhalten.

Dieses Training lässt den Myoglybingehalt und die Zahl der Mitochondrien (kleine Energiefabriken) der Skelettmuskeln steigen. Außerdem wird die Muskeldurchblutung verbessert (Kapillarisierung), das Herz- und damit Schlagvolumen vergrößert sich, die Herzarbeit wird ökonomischer.

Bei dem sogenannten anaeroben Training wird kurze Zeit und dafür intensiv trainiert. Das führt zur Muskel(zell)hypertrophie, das heißt, die Muskelzellen werden dicker und größer (ihre Zahl aber verändert sich nur unwesentlich). Das Extremtraining ist das Hypertrophie-Training, mit dem Bodybuilder versuchen, ihre Muskelmasse zu vergrößern.

Die „Batterie", die unsere Muskeln antreibt, heißt Adenosintriphosphat (ATP), das jedoch nur für wenige Sekunden Muskelarbeit im Muskel vorrätig ist und immer wieder neu produziert werden muss. Dafür gibt es unterschiedliche Möglichkeiten.

Für kurzfristige Kraftanstrengungen wird eine Art „Superbenzin" benötigt, d. h. es werden entweder Kreatinphosphat oder Kohlenhydrate verwendet, um neues ATP zu produzieren. Für diese Stoffwechselwege wird kein Sauerstoff benötigt, diese Art der Energiegewinnung heißt daher „anaerob".

Wird eine Bewegung langfristig mit etwas geringerer Intensität ausgeführt, reicht auch ein „Dieselkraftstoff": Kohlenhydrate oder Fette werden unter Zufuhr von Sauerstoff verbrannt, dabei entsteht neues ATP: die aerobe Art der Energiegewinnung.

Insgesamt wird durch den Energiestoffwechsel also chemische Energie in biomechanische Ener- gie (Muskelarbeit) verwandelt.

Manche Sport- und Bewegungsarten bestehen auch aus Mischformen von anaerobem und aerobem Training. Beide Trainingsformen wirken positiv auf die Gesundheit:

Aerobes versus anerobes Training

Aerobes Training	Variable	Anaerobes Training
↑↑	Glukoseintoleranz	↑↑
↑↑	Insulinsensitivität	↑↑
↑	HDL-Cholesterin	↔
↓	LDL-Cholesterin	↔
↓	Systolischer Blutdruck	↔
↓	Diastolischer Blutdruck	↔
↓↓	Körperfettgehalt	↓
↔	Fettfreie Körpermasse	↑↑
↑	Ruhestoffwechsel	↑↑
↔	Muskelkraft	↑↑↑
↑↑↑	Max. Sauerstoff-aufnahmekapazität	↔

↑↑↑ deutliche Verbesserung ↔ kaum Einfluss ↓ merkbare Senkung

Tab. 10: Der Einfluss der beiden Trainingsformen auf verschiedene gesundheitsrelevante Parameter ist unterschiedlich.

Außerdem gibt es noch Flexibilitäts- und Gleichgewichtstraining – beides wird mit zunehmendem Alter immer wichtiger. Das Trainieren der Flexibilität wirkt der Verkürzung von Muskeln und des Bandapparates entgegen. Das Gleichgewichtstraining sorgt für eine bessere Muskel-Gehirn-Koordination und kann die Sturzgefahr verringern.

Damit eine Verbesserung von physiologischen Parametern erreicht wird, sollte eine bestimmte Übung mindestens zwei Mal pro Woche ausgeführt werden. Die Intensität der Bewegung sollte so groß sein, dass der Körper einen Veränderungsreiz erfährt. Zu wenig intensiv bringt keine Verbesserung, zu viel schadet. Subjektiv sollte achtsam die Belastung bei einer Übung erspürt werden.

Wichtig ist auch, Pausen und Erholungszeiten einzuhalten. Der Trainingseffekt stellt sich nicht während des Trainings ein, sondern während der Reparatur- und Erholungszeit zwischen den einzelnen Trainingseinheiten.

Das Prinzip der Superkompensation

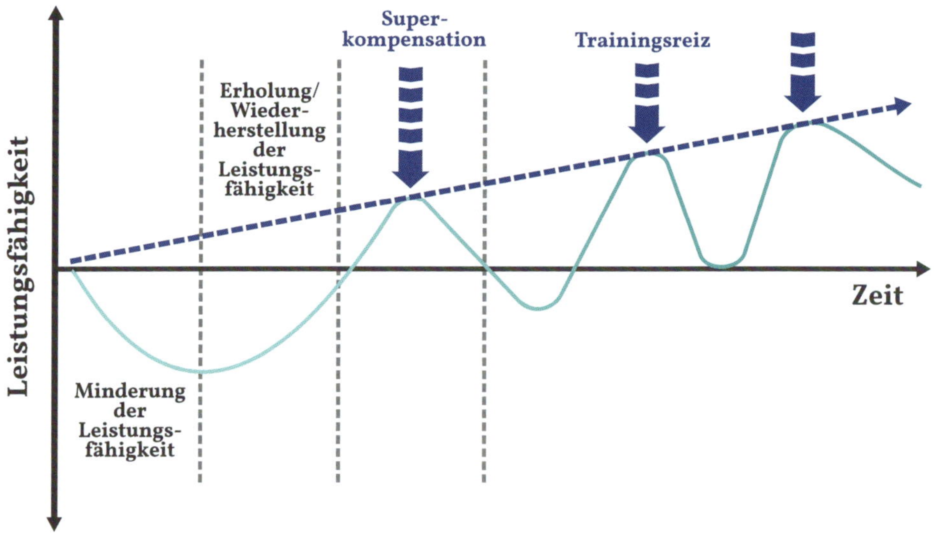

Abb 15: Nur wenn Trainingsreize den richtigen Abstand haben, steigt die Leistung.

5.7.3 Hauptteil: Achtsames Gehen

Oft wird die Gehmeditation unterschätzt und als nicht so „wichtig“ betrachtet wie die klassische Sitzmeditation – zu Unrecht.

Die Gehmeditation gehört zur Alltagsmeditation. Wir können sie immer und überall ausüben. Sie ist nicht an irgendwelche Rahmen oder Ausgangssituationen gebunden. Üblicherweise gehen wir im Alltag, um von einem Ort zum anderen zu gelangen. Aus dem Bad in die Küche, von der Haustür zum Auto, durch den Supermarkt, um zu den diversen Regalen zu gelangen. Bei der Gehmeditation ist es anders: hier ist der Weg das Ziel. Wir achten bei der Gehmeditation nur auf unsere Atmung und auf jeden einzelnen Schritt. Dabei gehen wir üblicherweise langsamer als sonst. Es gibt verschiedene Formen der Gehmeditation: manche gehen bewusst und sehr langsam in Zeitlupe, bei anderen wird fast in normaler Geschwindigkeit gegangen. Zumindest für den Anfang ist es sinnvoll, die Geschwindigkeit deutlich herabzusetzen.

Im Sommer kann es auch eine gute Erfahrung sein, barfuß zu gehen und bewusst wahrzunehmen, was sich unter den eigenen Fußsohlen befindet.

Der erste Schritt bei der Gehmeditation besteht darin, bewusst und achtsam zu stehen. Zu spüren, wie die Füße Kontakt mit dem Boden haben, die Aufmerksamkeit in die Spannung der Muskeln in den Beinen zu lenken. Zu spüren, wie das Becken steht. Und dann langsam, Schritt für Schritt, zu gehen. Nicht schlurfen, sondern eher normal gehen, mit bewusstem Aufsetzen und Abrollen der Füße. Es ist normal, wenn manche Teilnehmer_innen plötzlich das Gefühl haben, Gleichgewichtsprobleme zu bekommen.

Der Raum für die Gehmeditation sollte groß genug sein. Bei gutem Wetter kann auch im Freien geübt werden. Wichtig ist, nicht alle im Kreis gehen zu lassen. Die Gehgeschwindigkeiten sind zu unterschiedlich, sodass die Aufmerksamkeit vom Gehen abgelenkt und darauf gerichtet würde, nicht mit Nachbarn zu kollidieren. Besser ist, wenn jeder Teilnehmende eine gerade Gehstrecke hat, am Ende wendet, zurückgeht, wieder wendet und so weiter.

Zu Beginn reichen 5 - 10 Minuten Einüben völlig aus.

5.7.4 Hauptteil: Bewegung im eigenen Alltag

In dieser Einheit ist es wichtig, dass die Teilnehmer_ innen alltagspraktische, individuelle Änderungen ihres Bewegungsverhaltens planen. Dafür bietet sich das sogenannte FITT-Modell an.[38]

FITT ist ein Akronym, das für Frequenz (Häufigkeit), Intensität, Time (Zeit) und Typ steht.

In einem ersten Schritt ist es wichtig, dass die Teilnehmer_innen für sich definieren, an welchen Tagen sie welche Bewegungsarten ausüben möchten. Grundsätzlich sollten jede Woche alle drei Bereiche geübt werden. Idealerweise sollte jede Bewegungsart mindestens zwei Mal ausgeübt werden, um einen Fortschritt zu erreichen.

Als Ausdauer-Bewegung gilt jede Form der aeroben Bewegung, bei der mindestens 55%, besser 65%, der maximalen Herzfrequenz (gemessen an: max. Herzfrequenz = 180 – Alter) erreicht werden: Spaziergänge, Laufen, Schwimmen, Radfahren, Tanzen, Aerobic usw.

Als Krafttraining gilt jede Form von anaeroben Training, bei der mindestens 70% der Maximalkraft erreicht wird. Das kann isometrisches Training sein, Training mit dem eigenen Körpergewicht, mit Gummibändern oder auch Krafttraining im Fitnessstudio.

Trainingsarten und -prinzipien

	Herz-Lungen-Ausdauertraining	Krafttraining	Beweglichkeits-training
Frequency (Häufigkeit)	3-5 Tage pro Woche	2-3 nicht aufeinanderfolgende Tage pro Woche	Mindestens 2-3 Tage pro Woche
Intensity (IntensitŠt)	55/65-90% der maximalen Herzfrequenz	70-85% des maximalen Widerstandes. Genügend Widerstand, um die Muskeln aufzubauen und die Ausdauer zu verbessern	Ausreichend, um die gesamte Beweglichkeit zu entwickeln und aufrechtzuerhalten
Time (Zeit)	20-60 Minuten kontinuierliche aerobe Aktivität	Ein oder mehr Durchläufe (8-12 Wiederholungen) von 8-10 Übungen, die alle großen Muskelgruppen ansprechen	2-4 Wiederholungen pro Dehnübung, die jeweils für 15-30 Sekunden gehalten werden
Type (Art)	Kontinuierliche aerobe Aktivität, die große Muskelgruppen beansprucht	Widerstandsübungen für alle größeren Muskelgruppen	Dehnung für alle Hauptgelenke und Muskelgruppen

Abb. 16: Optimal ist ein Lebensstil nach dem FITT-Prinzip mit abwechslungsreicher Bewegung im Wochenverlauf.

Als Flexibilitätstraining gilt jede Form von Bewegung, bei der eine Dehnung über mindestens 15 Sekunden gehalten wird. Dies kann durch Yoga, Stretching, Gymnastik u. a. erreicht werden.

Im ersten Schritt werden die Bewegungsformen über mindestens fünf Tage pro Woche verteilt (Frequenz), im nächsten Schritt wird der Typ konkretisiert (d. h. welche Bewegungsform), dann die Zeit und die Intensität.

Für diese Übungen eignen sich sehr gut Stillarbeit und das Gespräch in der Kleingruppe (Dreier-Gruppe). Anschließend werden im Plenum beispielhaft einige Lösungen der Teilnehmer_innen vorgestellt und diskutiert.

Wichtig: Es geht hier nicht um sportliche Höchstleistungen! Den Teilnehmer_innen sollte vermittelt werden, dass es besser ist, sich nicht zu viel vorzunehmen, was letztendlich doch nicht umgesetzt werden kann, sondern zu versuchen, jeden Tag bewusst etwas Bewegung in den Alltag zu integrieren. Selbst ein „Ich verzichte heute konsequent auf den Aufzug" oder „Ich gehe zu Fuß zum Einkaufen" kann dann schon als aerobe Bewegung klassifiziert werden. Die Ziele sollten niederschwellig angesetzt werden, damit sie realistisch sind.

Aufgabe im Kurs ist es dann, auf Empfindungen, Gefühle und Gedanken während der Bewegungsübungen zu achten. Letztlich können so einfach Bewegungsübungen zu einer Form der Körpermeditation werden.

5.7.5 Vorbereitung „Schwierige Gefühle"

Den Teilnehmer_innen wird erläutert, was „schwierige Gefühle" sind: Trauer, Hilflosigkeit, Aggression, Eifersucht und Ähnliches.

Nicht jeden Tag muss ein solches Gefühl notiert werden. Möglicherweise gibt es auch Tage, an denen zwei oder drei solcher Gefühle auftreten. Vielleicht ist es möglich, dass beim Auftauchen schwieriger Gefühle diese mit ein wenig Abstand betrachtet werden können: Wie fühlt sich der Körper dabei an? Ist das Gefühl irgendwo physisch lokalisierbar? Welche Gefühle und welche Gedanken entwickeln sich in Reaktion darauf? Wie fühlt sich das Gefühl mit einigem zeitlichen Abstand an? Und vor allem: War das Gefühl im Moment des Auftretens benennbar und bewusst?

5.7.6 Hausaufgabe für die nächste Woche

- Versuchen, die Bewegung in den Alltag zu integrieren
- Tagebuch „Schwierige Gefühle“ führen
- An mehreren Tagen Gehmeditation (5 Minuten)

Tagebuch „Schwierige Gefühle“

(eine Kopiervorlage finden Sie im Downloadbereich)

Beschreibe Dein unangenehmes Erlebnis am:	Warst Du Dir der unangenehmen Erfahrung bewusst?	Was hast Du in dem Moment gespürt? Wie fühlte sich Dein Körper an?	Welche Stimmungen, Gefühle und Gedanken gingen mit dem Erlebnis einher?	Methodik/Material
Montag				
Dienstag				
Mittwoch				
Donnerstag				
Freitag				
Samstag				
Sonntag				

5.7.7 Abschluss

1-2 Minuten Stille

5.8 Modul 8: Die Bedeutung unserer Gefühle für Stressempfinden und Wohlbefinden

	Zeit	Thema	Ziele	Inhalt	Methodik / Material
kommens-ritual	5 Min.	Aktuelle Befindlichkeit	Ankommen und Begrüßung der TN	1 Min. Stille Blitzlicht zur Befindlichkeit; Formulieren und gedankliches Ablegen von belastenden/ablenkenden Gedanken	Blitzlicht in der Gesamtgruppe; Sitz- bzw. Stuhlkreis
	30 Min.	Erfahrungsaustausch Schwierige Gefühle	Unterschiede und Gemeinsamkeiten erfahren	Diskussion der Erfahrungen mit der Hausaufgabe „Schwierige Gefühle“	Kleingruppenarbeit Plenum
auptteil	15 Min.	Schwierige Gefühle und Stressempfinden	Erfahren, dass Gefühle und Emotionen nicht „wahr“ sind	Erläuterung des Default-Modes im Gehirn, Neigung zu destruktiven Grübelspiralen vermitteln, Vermittlung von „Stopp-Signalen“ (not happening now)	Informationsvermittlung in der Gruppe, Beamer mit ppt oder Flipchart
	35 Min.	Self-Compassion-Meditation	Self-Compassion-Erfahrung machen	Angeleitete Übung der Güte-Meditation Erfahrungsaustausch in Kleingruppen, dann im Plenum	Angeleitete Übung, Kleingruppenarbeit Plenum
bschluss	5 Min.	Kurze Reflexion	Aktuelle Befindlichkeit erfahren	Wochenplan mit Aufgaben 1 Min. Stille	Übungen der Woche: **Self-Compassion-Übung** **Tagebuch „Schwierige Gefühle“** **Bewegung im Alltag**

Tab. 11: Ablauf Modul 8

5.8.1 Ankommensritual

1-2 Minuten Stille

Anschließend ein Blitzlicht in der Gesamtgruppe. Zu Beginn können Teilnehmer_innen im Kreis sitzend etwa zwei Sätze zu ihrer Befindlichkeit und ggf. aktuellen belastenden oder ablenkenden Gedanken formulieren.

5.8.2 Hauptteil: Erfahrungsaustausch Schwierige Gefühle

Zuerst in Kleingruppen und dann im Plenum wird thematisiert, welche schwierigen Gefühle die Zeit seit der letzten Sitzung geprägt haben.

5.8.3 Hauptteil: Lerneinheit Schwierige Gefühle

In dieser Lerneinheit sollte den Teilnehmer_innen vermittelt werden, dass Gefühle etwas sind:

- das wir nicht kontrollieren können. Gefühle entstehen in uns, zu jeder Zeit. Wir können deren Entstehung kaum beeinflussen. Wir können nur den Umgang mit ihnen veränderen.

- das sich zwar subjektiv „wahr" anfühlt, aber nicht unbedingt objektiv auch angemessen ist

Es kann hilfreich sein, das Bild eines tiefen Waldsees zu beschreiben. Ein tiefer See oder Teich in einem Wald, umgeben von Bäumen, der Grund ist nicht zu sehen. Immer wieder steigen Luftblasen vom Grund an die Oberfläche. Das ist vergleichbar mit dem Auftauchen von Gefühlen. Die Luftblasen (=Gefühle) entstehen in der nicht sichtbaren Tiefe, zerplatzen an der Oberfläche und werden dort wahrgenommen. Wir können beobachten, dass immer wieder Luftblasen aufsteigen, ein ewiges Kommen und Gehen.

Abb. 17: See der Gefühle

So ähnlich verhält es sich mit Emotionen. Sie steigen aus der Tiefe unseres Selbst auf und werden dann wahrgenommen. Die Gefühle können positiver oder negativer Natur sein. Und häufig halten wir sie im Moment der Wahrnehmung auch für angemessen und wohlbegründet. Es hilft, diese Gefühle achtsam wahrzunehmen, sich aber nicht mit ihnen zu identifizieren, weil wir wissen, dass diese ohne unser Zutun kommen und gehen.

Möglicherweise ist diese Neigung der „Leerlaufgedanken" auch ein typisches Verhaltensmuster unseres Gehirns. Es gibt im Gehirn das sogenannte Default Mode Netzwerk. Das ist eine Gruppe von Gehirnregionen, die beim Nichtstun aktiviert und beim Lösen von Aufgaben deaktiviert wird. Es ermöglicht reizunabhängiges Denken.

Wir benutzen es beispielsweise auch, wenn wir tagträumen. Das heißt, unser Gehirn entwickelt automatisch Gedanken und Gefühle, auch wenn eigentlich kein Anlass dazu besteht. Wie Luftblasen in einem Teich, entstehen also ohne triftigen Grund Gefühle und Gedanken – oft genug auch negative, belastende.

Der Sinn der Achtsamkeitspraxis besteht nicht darin, sich mit den Gefühlen – unangenehme, schwierige genauso wie positive – zu identifizieren, sondern sie zu sehen als das, was sie wirklich sind: innerpsychische Wahrnehmungen, die kommen und gehen.

Wir leben in einer Zeit, in der viele Menschen versuchen, die negativen Gefühle zu negieren und zu verdrängen. Achtsam zu sein heißt, diese Gefühle wahrzunehmen, aber sich nicht von ihnen davontragen zu lassen und an ihnen zu kleben. Sie tauchen auf und verschwinden auch wieder. Achtsamkeitspraxis führt also zu einer Desidentifikation mit den negativen Gefühlen. Wir können versuchen, sie bewusst wahrzunehmen, mit einer freundlichen, akzeptierenden Haltung, ohne uns darin zu verlieren.

Damit wirken wir auch einer Grübelneigung entgegen. „Hätte ich doch…", „Warum habe ich damals…", „Vielleicht sollte ich…" sind typische Gedanken, mit denen man unproduktiv an einem belastenden Thema kleben bleiben kann. Besonders Menschen, die leicht melancholische, depressive Persönlichkeitsmerkmale aufweisen, neigen zu solchen Gedankenspiralen. Diese eher ungünstigen Denkmuster vermögen einen als negativ empfundenen Ist-Zustand zu zementieren. Oft sind Traurigkeit und Ohnmachtsgefühle die Folge davon. Diese Art zu denken hat nichts zu tun mit Nachdenken und Problemlösung, sondern schränkt in der Regel unseren Handlungsspielraum ein.

Natürlich hat dieses Grübeln vordergründig einen positiven Effekt: Wir haben das Gefühl, uns mit einem Problem auseinanderzusetzen, irgendetwas zu tun – auch wenn dabei nichts herauskommt. Diese kurzfristige Erleichterung mag einer der Gründe sein, warum wir immer wieder Gefahr laufen, darauf zurückzugreifen.

Eine achtsame Haltung kann dabei helfen, solche Gefühls- und Gedankenautomatismen zu unterbinden. Wer merkt, dass er in solche unproduktiven Denkmuster abgleitet, kann sich sagen „it's not happening now" – das alles passiert gerade nicht. Wir konzentrieren uns auf die Atmung, nehmen die Gefühle und Grübeltendenzen wahr und bleiben bei der achtsamen Wahrnehmung der Gegenwart.

Ein kleiner Exkurs zur eigenen Person: Bevor wir mit anderen über deren Gefühle sprechen können, ist es wichtig, erst einmal einen guten Zugang zu seinen eigenen Gefühlen zu bekommen. Wir brauchen einen Zugang zu unserer eigenen Coach-Persönlichkeit.

Daher ist es sinnvoll, sich als Präventionscoach Gedanken darüber zu machen, welche Persönlichkeitszüge bei einem selbst vorherrschen, ob man beispielsweise in Konflikten leicht mit Beleidigt-Sein reagiert o. Ä.

Während der Coach-Ausbildung beschäftigen wir uns daher auch kurz mit unterschiedlichen Persönlichkeitstheorien. Es kommt dabei nicht so sehr darauf an, ICD-konform zu kategorisieren, sondern pragmatische Einteilungen kennenzulernen.

5.8.4 Hauptteil: Metta-Meditation und Self-Compassion

Die sogenannte Metta-Meditation ist ebenfalls eine vom Ursprung her sehr alte buddhistisch/hinduistische Technik. Das Ziel dieser Meditationsübung ist es, eine liebevolle, zugewandte und wohlwollende Haltung gegenüber anderen Menschen und ganz allgemein der Welt zu gewinnen. Dem liegt die Vorstellung zugrunde, dass es sinnvoll ist, der Umwelt mit Wohlwollen und Freundlichkeit zu begegnen – eine Haltung, die in unserer westlichen Zivilisation nicht die Regel ist. Sehr gut verkörpert sehen wir dieses Gefühl in der Liebe, die eine Mutter ihrem Kind entgegenbringt. Diese Art von Liebe ist bedingungslos und selbstverständlich.

Ebenso wenig selbstverständlich ist es, diese liebende, wohlwollende Zuwendung sich selbst gegenüber zu empfinden. Leicht wird dann gemutmaßt, man habe egoistische oder narzisstische Tendenzen. Das allerdings trifft nicht das Wesen des sogenannten Selbst-Mitgefühls, englisch: Self-Compassion.

Self-Compassion ist nicht mit Selbstmitleid zu verwechseln. Es ist eher so, dass man sich selbst gegenüber die gleiche mitfühlende (nicht leidende!), wohlwollende Haltung einnimmt wie die beste Freundin oder der beste Freund, die da sind, wenn es einem nicht gut geht. Häufig sieht jedoch die Wirklichkeit anders aus. Wenn einem Menschen etwas nicht gelingt, wenn er Fehler macht, die falsche Entscheidung trifft, dann ist dieser Mensch sein bester Kritiker. Man macht sich Vorwürfe, manche beschimpfen sich in Gedanken oder verhalten sich sogar strafend sich selbst gegenüber.

In solchen Situationen achtsam zu sein, heißt: die negativen Gefühle sich selbst gegenüber wahrzunehmen, aber nicht zu pflegen und auszubauen. Wir versuchen stattdessen, uns dasselbe Mitgefühl entgegenzubringen, mit dem wir uns um eine andere leidende Person kümmern würden.

Eine gute, wohlwollende Beziehung zu sich selbst aufzubauen, ist Voraussetzung für psychisches Wohlbefinden.

Anstatt also in stressigen Momenten in Selbstvorwürfen zu versinken und sich zu fragen, warum man es so weit hat kommen lassen, wieso man diese oder jene falsche Entscheidung getroffen hat, üben wir uns in Selbst-Mitgefühl. Das heißt nicht, dass wir Faulheit, Laschheit oder Ähnliches einfach damit entschuldigen. Aber wir schützen uns vor allzu harter Selbstkritik und Verurteilung.

Gerade wer viel Stress empfindet, läuft Gefahr, sich in harten Zeiten mit seinem Versagen allein gelassen zu fühlen, streng mit sich selbst zu sein und zu glauben, dass es allen anderen Menschen besser geht. Die Alternative, die wir achtsam einüben wollen, ist eine wohlwollende: Man versucht, sich selbst die Fürsorge und Liebe zukommen zu lassen, die man braucht.

Übrigens bestätigt die Neurowissenschaft, dass Mitgefühl und Empathie trainierbar sind. Ein Achtsamkeitstraining lässt die Gehirnareale „dicker" werden, die mit diesen Empfindungen verbunden sind.[39] Andere Studien bestätigen, dass Selbstmitgefühls-Training wirksam bei Depressionen ist.[40] [41]

5.8.5 Hauptteil: Self-Compassion-Meditation

Die Meditation beginnt wie üblich mit Einnahme einer geeigneten Körperhaltung, Augen schließen, Bewusstsein auf den Körper und dann auf den Atem fokussieren.

Dann werden die Teilnehmer_innen eingeladen, die Meditation zu beginnen mit freundlichen Wünschen an sich selbst. Hierzu können die folgenden vier formelhaften Sätze verwendet werden:

Möge ich sicher sein.

Möge ich in Frieden sein.

Möge ich freundlich zu mir selbst sein.

Möge ich mich selbst so annehmen, wie ich bin. [42]

Die Wünsche können im Atemrhythmus wiederholt werden. Zum Beispiel die ersten beiden Worte beim Einatmen, die anderen beim Ausatmen. Nach einer Weile des Lautaussprechens durch den Meditationsanleiter werden die Teilnehmer_innen aufgefordert, sich einen dieser Wünsche auszuwählen und diesen mit innerer Stimme weiter zu wiederholen.

Dann die Meditation wieder ausleiten.

Die Meditation sollte rund 15 - 20 Minuten angeleitet werden.

Die Erfahrungen mit der Compassion-Meditation werden zuerst in Dreier-Gruppen und dann im Plenum besprochen.

Bei manchen Teilnehmer_innen werden einige Emotionen auftauchen. Ein friedliches Gefühl kann die Folge sein, aber auch Trauer, Wut und Enttäuschung. Wenn dieses unangenehme Gefühl sehr stark wird, können die Meditierenden dieses Gefühl benennen, um so eine freundlich-distanzierte Haltung einnehmen zu können. Und wenn sie sich in der Lage dazu fühlen, können sie mit dem Wunsch fortfahren.

Es kann durchaus sein, dass jemand kaum Gefühle dabei entwickelt oder sogar müde wird. Auch das wird mit der achtsamen, akzeptierenden Haltung wahrgenommen. Es gibt keine richtige oder falsche Art, auf diese Übung zu reagieren.

Die Teilnehmer_innen können darauf hingewiesen werden, dass es möglich ist, bei der täglichen Meditation einen oder mehrere dieser Sätze einleitend einzubauen. Es ist auch möglich, dass man eigene „maßgeschneiderte" Wünsche an sich selbst formuliert, die besser zu der aktuellen Situation der Teilnehmer_innen passen (mehr innere Harmonie, Sanftmut, Durchhaltevermögen u. Ä.). Dabei ist es wichtig, darauf hinzuweisen, dass nur positive Formulierungen verwendet werden sollten und keine Wünsche, in denen ein „nicht", „kein" oder „weniger" auftaucht.

Wer große Schwierigkeiten damit hat, sich selbst diese guten Wünsche zu schenken, kann auch erst einmal eine Person wählen, der man leichter etwas

Gutes wünschen kann. Das kann ein großes Vorbild sein oder eine Person aus dem Familien- oder Freundeskreis.

5.8.6 Hausaufgabe für die nächste Woche

- Versuchen, die Bewegung in den Alltag zu integrieren
- Self-Compassion-Meditation mit (ggf. eigenem) Wunsch an sich selbst
- Tagebuch „Schwierge Gefühle“ führen

5.8.7 Abschluss

1-2 Minuten Stille

Neger sagen.
Vor der Mohren-Apotheke.
Achtsam und stressfrei.
Und die linksgrünversiffte Sprachpolizei?
Darf gendern!!!

5.9 Modul 9: Bedeutung sozialer Beziehungen für Stressempfinden und Wohlbefinden

	Zeit	Thema	Ziele	Inhalt	Methodik / Material
Ankommens-ritual	5 Min.	Aktuelle Befindlichkeit	Ankommen und Begrüßung der TN	1 Min. Stille Blitzlicht zur Befindlichkeit; Formulieren und gedankliches Ablegen von belastenden/ablenkenden Gedanken	Blitzlicht in der Gesamtgruppe; Sitz- bzw. Stuhlkreis
Hauptteil	15 Min.	Erfahrungsaustausch in der Gruppe	Unterschiede und Gemeinsamkeiten erfahren	Diskussion der Erfahrungen mit der Hausaufgabe „Self-Compassion"	Kleingruppenarbeit Plenum
	30 Min.	Soziale Beziehungen und Wohlbefinden	TN werden sich bewusst, welche große Bedeutung Beziehungen für unser Stressempfinden und Alltagsgefühl haben	Erläuterung der Bedeutung sozialer Beziehungen für Stress, Wohlbefinden und Gesundheit; Vermittlung, wie wichtig es ist, Partner und Familie in Veränderungsprozesse einzubeziehen	Informationsvermittlung im Plenum Beamer mit ppt oder Flipchart
	35 Min.	Soziale Netzwerkkarte	Die Qualität und die Verteilung des eigenen sozialen Netzes erfahren	Erläuterung des Prinzips der sozialen Netzwerkkarte, Introspektion und Klarheit über die eigenen sozialen Bezüge und stressauslösenden Beziehungen	Formular zum Ausfüllen „soziale Netzwerkkarte"
Abschluss	5 Min.	Kurze Reflexion	Aktuelle Befindlichkeit erfahren Abschluss	Wochenplan mit Aufgaben 1 Min. Stille	Übungen der Woche: **Self-Compassion-Meditation und Resümee vorbereiten**

Tab. 12: Ablauf Modul 9

5.9.1 Ankommensritual

1-2 Minuten Stille

Anschließend ein Blitzlicht in der Gesamtgruppe. Zu Beginn können Teilnehmer_innen im Kreis sitzend etwa zwei Sätze zu ihrer Befindlichkeit und ggf. aktuellen belastenden oder ablenkenden Gedanken formulieren.

5.9.2 Hauptteil: Erfahrungsaustausch Schwierige Gefühle

Kurzer Erfahrungsaustausch in Dreier-Gruppen, zehn Minuten, und dann im Plenum. Wie waren die Erfahrungen mit der Self-Compassion-Meditation?

5.9.3 Hauptteil: Soziale Beziehungen und Wohlbefinden

Soziale Beziehungen haben einen signifikanten Einfluss auf die Gesundheit. Sie beeinflussen die Gesundheit auf verhaltens-, psychosozialen und physiologischen Wegen. Sie können positive und negative Auswirkungen haben und sie prägen die Gesundheit während der ganzen Lebensspanne.

Dabei gibt es jedoch Unterschiede: Die positiven und negativen Wirkungen sind in der Bevölkerung nicht gleich verteilt (z. B. bei Männern und Frauen, Alten und Jungen, Armen und Wohlhabenden ...)

Die Palette der gesundheitsbeeinflussenden Effekte ist groß. Studien zeigen positive, durch Beziehungen vermittelte Gesundheitseffekte[43], beispielsweise bei folgenden Erkrankungsgruppen:

- Kardiovaskuläre Erkrankungen, auch Myokard-Infarkte, Arteriosklerose und Hypertension
- Krebserkrankungen
- Wundheilung

- gestörte Immunfunktion

- Depression

Grundsätzlich lassen sich drei Wege darstellen, wie soziale Beziehungen auf die Gesundheit wirken: über das Verhalten, über psychosoziale Mechanismen und auf physiologischem Weg.

Beispiel für die Beeinflussung über Verhaltensfaktoren ist der Einfluss, den soziale Beziehungen direkt auf das Gesundheitsverhalten ausüben, also zum Beispiel das Bewegungsverhalten, Ernährungsverhalten, Rauchgewohnheiten und Alkoholkonsum.

Psychosozial vermittelte Effekte lassen sich differenziert betrachten. So spielt beispielsweise die soziale Unterstützung eine wichtige Rolle im Kontext von Gesundheit. Außerdem können Normen, die jemand internalisiert, erheblichen Einfluss auf gesundheitsrelevante Parameter ausüben. Auch das Stichwort Selbstwirksamkeitserwartung ist bei diesem Thema wichtig zu erwähnen. Last but not least müssen auf jeden Fall Peergruppen-Effekte berücksichtigt werden.

Wie soziale Beziehungen auf physiologischem Weg Einfluss nehmen können, haben letztlich bereits psychosomatische Krankheitsmodelle und die Neuroimmunologie hinlänglich gezeigt. Soziale Beziehungen beeinflussen das psychische Wohlbefinden, was wiederum einen Einfluss auf das Immunsystem, das Hormonsystem und auf kardiovaskuläre Funktionen hat. Daraus ergibt sich übrigens die Schlussfolgerung, dass ein ganz wichtiger Beitrag zur Gesundheitsförderung bei Kindern ist, ihnen ggf. soziale Unterstützung zukommen zu lassen.

Nicht zu vergessen: The dark side of social relationships. Denn Beziehungen können natürlich auch erheblichen Stress verursachen, und zwar auf allen Ebenen des bio-psycho-sozialen Systems. Eine mögliche Folge ist die Zunahme gesundheitsschädlichen Verhaltens. Und natürlich sind auch negative Effekte auf das Immunsystem und das Endokrinum zu beobachten.

Am Ende dieses inhaltlichen Abschnitts sollte den Teilnehmer_innen noch einmal ans Herz gelegt werden, die Familie und Partner, ggf. auch Freunde, in ihre persönlichen Veränderungsprozesse mit einzubeziehen, da von deren Unterstützung die Umsetzung der eigenen Wünsche und Vorsätze im Alltag abhängen kann.

5.9.4 Hauptteil: Die eigene Netzwerkkarte

Die soziale Netzwerkkarte vermag die Lebenswelt eines Menschen sehr schön abzubilden. Sie enthält Informationen über Strukturen, Qualitäten und Funktionen des sozialen Netzwerkes.

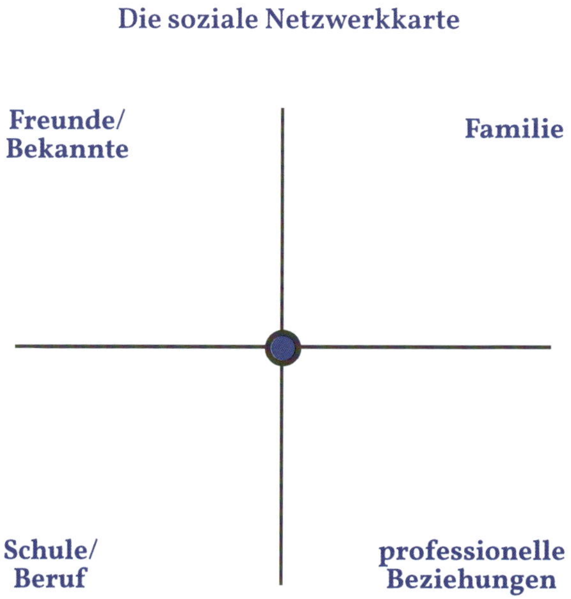

Abb. 18: Die soziale Netzwerkkarte stellt die Beziehung zu wichtigen Menschen bildhaft dar.

Bei dieser Methode wird ein Blatt Papier in vier gleich große Felder eingeteilt. In der Mitte, im Schnittpunkt der beiden Linien, soll sich jeder Teilnehmende verorten. Die vier Felder repräsentieren den Bereich Bekannte und Freunde, Familie, Schule/Beruf und professionelle Hilfe wie Ärzte, Physiotherapeuten, Psychologen, Sozialarbeiter, Altenpfleger etc.

Die Teilnehmer_innen werden aufgefordert, ihnen wichtigen Menschen aus den vier Bereichen in die Netzwerkkarte einzutragen. Je näher der Mensch an der Mitte steht, umso näher steht dieser dem Teilnehmenden. Später kann man dann noch Verbindungslinien zwischen den Menschen in der Netzwerkkarte einzeichnen, um zu zeigen, wer sich untereinander kennt. Hat jemand viele Linien auf sich vereinigt, spricht das noch einmal für eine besondere Bedeutung dieses Kontakts. Man kann auch eine Verbindungslinie stricheln, um anzudeuten, dass der Kontakt gestört ist. Oder eine Linie durch zwei Querstriche unterbrechen, um zu verdeutlichen, dass der Kontakt abgebrochen wurde.

Beim Ausfüllen der persönlichen Netzwerkkarte wird deutlich, dass man „Nähe“ in Beziehungen unterschiedlich definieren kann. Wer steht einem näher? Eine weit entfernt wohnende Freundin, die einem sehr am Herzen liegt, die man aber leider nur selten sieht? Oder die eigene Schwester, die in der Nachbarschaft wohnt, die man mehrmals die Woche sieht, aber der man sich nicht sehr verbunden fühlt?

In diesem Modul sollen die Teilnehmer_innen beginnen, sich über Ausmaß und Qualität ihrer Beziehungen Gedanken zu machen. Das kann und sollte immer wieder einmal wiederholt werden.

- Welche Besonderheiten sind aus der Karte herauslesbar?
- Gibt es Bereiche, in denen sehr viele, und andere, in denen nur sehr wenige Kontakte bestehen?
- Wie weit sind die Kontakte von der Mitte entfernt?
- Habe ich vielleicht sehr viele, aber meist nur oberflächliche Kontakte?
- Habe ich einige sehr enge Bezugspersonen?

Üblicherweise regt die eigene Netzwerkkarte zum Nachdenken an. Möglicherweise kann daraus auch das Ziel abgeleitet werden, die Netzwerkstruktur in den nächsten Wochen oder Monaten bewusst zu verändern.

5.9.5 Hausaufgabe für die nächste Woche

In der letzten Kurswoche wird die Self-Compassion-Meditation weiter eingeübt. Außerdem sollen dieTeilnehmer_innen in Vorbereitung der Abschlusssitzung ein kleines Resümee ziehen. „Was nehme ich mit?“ und „Was fehlt mir noch?“.

5.9.6 Abschluss

1-2 Minuten Stille

5.10 Modul 10: Abschlusssitzung: Implementierung in den Alltag und Abschied

	Zeit	Thema	Ziele	Inhalt	Methodik / Material
Ankommens-ritual	5 Min.	Aktuelle Befindlichkeit	Gemeinsames Ankommen	1 Min. Stille Blitzlicht zur Befindlichkeit; Formulieren und gedankliches Ablegen von belastenden/ablenkenden Gedanken	Blitzlicht in der Gesamtgruppe; Sitz- bzw. Stuhlkreis
Hauptteil	35 Min.	Rückblick	Rückblick der TN auf die Einheiten des Programms, Reflexion der Einheiten	TN schauen zurück, was sie im Programm erlebt haben. Benennen, welche Motivationen sich erfüllt haben. Persönliche Bilanz, Reflektieren persönlicher Highlights.	Gruppengespräch, Reflexion anhand Motivationsboard aus der Einstiegssitzung, Erstellen eines persönlichen MSBB-Passes zum Übertrag in den Alltag, Austausch im Stuhlkreis
	20 Min.	Brief an sich selbst	TN formulieren, wie ihre Lebenswelt in sechs Monaten aussehen sollte	Die TN reflektieren in einem Brief an sich selbst, welche Präventionsprogramm-bedingten Änderungen in 6 Monaten noch bestehen sollen	Briefpapier, Umschlag, Stift
	15 Min.	Evaluation	TN können ein Feedback geben	TN sollen positive wie negative Kritik am Programm äußern können (Ablauf, Organisation, Inhalte, Coach, Atmosphäre etc.)	Evaluationsbogen oder Feedbackkarten
Abschluss	15 Min.	Abschied	Abschließendes Blitzlicht; Abschied voneinander	Austausch über Gefühle/Motivationen etc. Abschließende Worte des Coaches; Abschiedsritual 1 Min. Stille	Sitz- bzw. Stuhlkreis

Tab. 13: Ablauf Modul 10

In dieser abschließenden Sitzung soll eine Reflexion und somit der Abschluss des Programms stattfinden. Dazu werden zunächst die Inhalte der einzelnen Sitzungen kurz wiederholt. Außerdem sollen die Teilnehmer_ innen die Fortschritte bei den Übungen für zu Hause reflektieren. Ziel der Sitzung ist die Reflexion des gesamten Programmes und der persönlichen Fortschritte bzw. Veränderungen sowie ein Ausblick auf die Zeit nach dem Programm.

Es ist möglich, dass diese Einheit den zeitlichen Rahmen von 90 Minuten überschreitet – je nach Intensität der Mitarbeit der Teilnehmer_innen. Man sollte allen die Zeit für den Abschluss des MSBB-Kurses geben.

5.10.1 Ankommensritual

1-2 Minuten Stille

5.10.2 Hauptteil: Reflexion des Programmes – persönliche Highlights

Der Präventionscoach soll hier die Motivationsboards aus der ersten Sitzung bereitstellen, damit die Teilnehmer_ innen diese mit ihrer jetzigen Situation vergleichen können. Die Übung dient der persönlichen Bilanz des Programms und die Teilnehmer_innen sollen sich folgende Fragen stellen:

- Welche Ziele habe ich erreicht/nicht erreicht?
- Welche Erwartungen sind erfüllt worden?
- Was nehme ich mir für den Alltag vor?
- Was fehlt mir noch?

5.10.3 Hauptteil: Erstellen des individuellen MSBB-Passes

Wo möchte ich in drei Monaten stehen in den einzelnen Bereichen (Zielsetzung nach dem SMART-Prinzip)?

Welche Änderungen würden sich in drei Monaten stressreduzierend/gesundheitsfördernd auswirken?

Bereiche:

- Formelle/informelle Achtsamkeitsübungen
- Ernährung
- Bewegung
- Beziehungen

Die Konkretisierungen können in Dreier-Gruppen erarbeitet werden.

Betonen Sie, dass dieser Kurs den Auftakt für persönliche Weiterentwicklung bildet. Niemand muss nach dessen Ende perfekt sein. Wichtig ist, achtsam die Kernbereiche dieses Programms im Blick zu behalten und sie immer wieder im Alltag zu verankern.

5.10.4 Hauptteil: Brief an mich selbst

Der „Brief an mich selbst" ist eine Methode, die in Workshops oder Seminaren eingesetzt wird, die zunächst dabei hilft, sich selbstreflexiv über eigene Wünsche und Entwicklungsprozesse im Kontext des MSBB-Seminars klar zu werden. Darüber hinaus wirkt diese Methode als Brücke vom Seminar in den Alltag und vermag letztlich auch als Erinnerungshilfe für einmal wichtig erkannte Verhaltens- und Einstellungsänderungen zu dienen.

Der Präventionscoach erläutert diese Methode und gibt den Teilnehmer_innen genügend Zeit, die zehn MSBB-Module noch einmal an sich vorüberziehen zu lassen. Es kann sinnvoll sein, dies im Rahmen einer angeleiteten Meditation zu tun.

Hilfreich kann es dabei sein, das MSBB-Programm als Reise zu beschreiben: „Wir haben uns vor rund zehn Wochen als Reisegesellschaft hier zusammengefunden. Einer kannte den anderen nicht. Ich als Reiseführer war den meisten ebenfalls unbekannt. Und unklar war, was uns denn so alles auf unserer Reise begegnen würde.

Wir sind losgefahren und haben, bis heute einschließlich, an zehn verschiedenen Stationen haltgemacht. Schreibe bitte in dem Brief an Dich, wie Du heute, am Ende dieser Reise, Deine Eindrücke zusammenfasst. Mit welchem Gepäck bist Du gestartet, was wolltest Du sehen und kennenlernen? Welche Stationen waren Dir besonders wichtig? Und welche Eindrücke möchtest Du unbedingt in sechs Monaten auch noch erinnern? Was sollte an Eindrücken, Wünschen, Vorsätzen in dem nächsten halben Jahr nicht untergehen? Und gibt es etwas, von dem Du hoffst, es entwickelt sich aus Deinen Reiseerfahrungen in den nächsten Wochen?“

Die Teilnehmer_innen schreiben diese sehr persönlichen Briefe im Stile eines besten Freundes innerhalb von 20 Minuten, falten und verschließen sie in einem Kuvert (bitte genügend Reservekuverts zum Termin bereithalten!). Anschließend werden sie an sich selbst adressiert.

Präventionscoaches, die planen, in sechs Monaten die Gelegenheit zu nutzen, alle Teilnehmer_innen noch einmal anzuschreiben und auf die Möglichkeit von Vertiefungs- oder Wiederholungsveranstaltungen hinzuweisen (MSBB Intensivtage), sollten die Umschläge dann einsammeln, auf Wiedervorlage legen und nach etwa sechs Monaten zustellen. Wer das nicht möchte, kann auch mit den Teilnehmer_innen vereinbaren, dass sich immer zwei Personen zusammentun und sich verpflichten, den Brief des anderen nach jeweils sechs Monaten in die Post zu geben.

Der Wert dieser Methode sollte nicht unterschätzt werden. Er dient nicht nur während des Abschlussmoduls zur Verdeutlichung des eigenen Entwicklungsprozesses. Mindestens die Hälfte der Teilnehmer_innen vergisst im Laufe des nächsten halben Jahres diesen Brief und ist dann meist sehr überrascht und gerührt, einen Brief von sich selbst im Stil eines besten Freundes oder einer besten Freundin zu bekommen.

5.10.5 Evaluation des Programmes

Hier soll es um eine Auseinandersetzung mit der negativen und positiven Kritik zum Programm gehen. Methodisch kann hier anhand eines Bogens und mit Kritikkarten gearbeitet werden. Sinnvoll ist es, immer wieder ein standardisiertes Erhebungsinstrument einzusetzen. Die Abschlusssitzung ist dann der 2. Termin der Evaluation (siehe Anlage). Die Bögen zum Ausfüllen werden an die Teilnehmer_innen ausgeteilt und wieder eingesammelt.

Alternativ kann der Präventionscoach auch Kritikkarten mit Symbolen austeilen[44]:

Im Raum verteilt befinden sich dann Poster o. Ä., auf denen Kursinhalte etc. festgehalten sind (z. B. „Das Ankommensritual zu Beginn jeder Sitzung“). Die Teilnehmer_innen sollen diese Poster dann mit ihren Kritikkarten versehen (“gefiel mir gut/ nicht so gut/ gar nicht“). Anschließend soll ein gemeinsamer konstruktiver Austausch zu der Kritik der Teilnehmer_innen im Stuhlkreis stattfinden. Eine Abwandlung wäre, dass der Präventionscoach die im Kapitel 3.2 aufgeführte Gesamtübersicht (Tabelle 1) an einer Pinnwand im Raum aufhängt und die Teilnehmer_innen dort die Karten zuordnen und sich anschließend über ihre Bewertungen austauschen. Die Teilnehmer_innen sollen außerdem dazu motiviert werden, Verbesserungsvorschläge mitzuteilen.

Abb. 19: Kritikkarten

5.10.6 Abschiednehmen und Blick in die Zukunft

In dieser Abschlussrunde sollen die Teilnehmer_innen einen Blick in ihren zukünftigen Alltag richten mit der Frage:

- Mit welchen Gedanken/Emotionen/Hoffnungen beende ich das Programm?

Der Präventionscoach soll abschließend auch selbst kurz reflektieren wie er den Kurs erlebt hat (möglichst keine negativen Aussagen) und den Teilnehmer_ innen alles Gute für die Zukunft wünschen. Für die Verabschiedung der Teilnehmer_innen voneinander soll noch ausreichend Raum und Zeit zur Verfügung stehen.

Es bleibt jedem Präventionscoach überlassen, ob er eine Mailadresse oder eine andere Form des Kontakts nach Ende des offiziellen Kurses den Teilnehmer_innen mitteilt, damit diese ggf. bei auftauchenden Fragen oder Schwierigkeiten Kontakt aufnehmen können.

Eine andere Möglichkeit ist, bereits in der Abschlusssitzung Termine und Daten für Auffrischungstage (MSBB-Intensivtage) zu benennen.

5.10.7 Abschluss

1-2 Minuten Stille

Dann werden die Teilnehmer_innen gebeten, sich im Kreis aufzustellen und an den Händen zu nehmen. Der Präventionscoach drückt die Hand eines Teilnehmenden und dieser Händedruck soll dann weitergereicht werden (entweder rechts- oder linksherum im Kreis, je nachdem, welche Hand zuerst gedrückt wurde). Nach dieser stillen Verabschiedung bedankt sich der Präventionscoach noch einmal und beendet die offizielle Sitzung und damit den Kurs.

6 Vertiefende Hintergrundinformationen für den Präventionscoach

6.1 Gruppenentwicklung und Gruppendynamik

Der Präventionscoach sollte zumindest über Grundkenntnisse und eigene Erfahrungen in der Arbeit mit Gruppen verfügen und deren Gesetzmäßigkeiten kennen. Ein gutes Gespür für Gruppendynamik ist dabei ebenfalls sehr hilfreich.

Der Begriff Gruppendynamik wurde von dem Begründer der Feldtheorie Kurt Lewin geprägt. Er versteht darunter die Muster, die die Entwicklung und Abläufe innerhalb von Gruppen bestimmen. Eine Gruppe in diesem Sinne ist eine Anzahl von Personen, deren Zusammenspiel durch die Eigenschaften und Fähigkeiten der einzelnen Gruppenmitglieder geprägt ist. Diese gestalten durch ihre Interaktionsdynamik das Geschehen in der Gruppe, welches sich prozesshaft entwickelt und durch verschiedene Phasen gekennzeichnet ist. Dabei werden sowohl die Ziele der Gruppe definiert, als auch Regeln und Normen festgelegt und die Rollen verteilt.

Lewin konnte in seinen Forschungen nachweisen, dass Personen in einer Gruppe durch ihre kommunikativen Interaktionsprozesse einem gemeinsamen Ziel näher kommen. Dabei entdeckte er immer wiederkehrende Abläufe und Phasen, die Gruppen durchlaufen.

Diese Phasen prägen das Gruppengeschehen. Lewin hat dabei fünf Phasen identifiziert. Diese Phasen sind im Einzelnen:

Phase der Orientierung (forming)

Die Mitglieder lernen sich kennen, die Beziehungen sind noch sehr formal und eher unpersönlich. Unsicherheit, aber auch Neugier und Vorfreude sind in dieser Gruppenphase zu finden.

Phase der Auseinandersetzung (storming)

Das Aufeinandertreffen unterschiedlicher Meinungen, Bedürfnisse, Erwartungen und Vorstellungen prägt diese Phase. Konflikte und Meinungsverschiedenheiten führen zu Auseinandersetzungen. Es besteht noch kein Gefühl der Zusammengehörigkeit.

Phase der Konsolidierung (norming)

Die Gruppe formuliert gemeinsame Ziele und koordiniert ihre Aktivitäten. So entstehen Gruppennormen, die die interne Organisation regeln. Dabei werden Rollen einzelner Gruppenmitglieder geprägt. Die Gruppenmitglieder legen fest, welche Werthaltungen, Meinungen und Verhaltensweisen zugelassen werden. Die Gruppe kontrolliert die Einhaltung der festgelegten Normen.

Phase der Zusammenarbeit (performing)

Die Gruppe arbeitet autonom und konstruktiv an den festgelegten Aufgaben. Es besteht ein hoher Gruppenzusammenhalt, gegenseitige Unterstützung und offener Austausch von Informationen. Ein wesentliches Kennzeichen dieser Gruppenphase ist das gegenseitige Vertrauen. Die Rollen sind klar definiert und die Kommunikationsstruktur ist gekennzeichnet von hohem Kongruenzverhalten.

Phase der Auflösung (adjourning)

Wenn die gestellten Aufgaben und Themen abgeschlossen sind, verändern sich die sozialen Beziehungen in der Gruppe. Die Gruppe löst sich auf und die Gruppenmitglieder müssen Abschied nehmen. Bei erfolgreichen Gruppen setzt nicht selten eine Phase der Trauer ein.[45]

6.2 Das Vier-Ohren-Modell oder Kommunikationsquadrat

Der Kommunikationswissenschaftler und Psychologe Friedemann Schulz von Thun hat das in den Kommunikationswissenschaften bekannte „Vier-Ohren- Modell" entwickelt. Er geht davon aus, dass Senden und Empfangen von Botschaften immer auf vier unterschiedlichen Ebenen geschieht. Diese vier Bereiche einer Nachricht repräsentieren den Sachinhalt, die Beziehung, die Selbstoffenbarung und den mit der Nachricht verbundenen Appell. Die Kommunikationspartner senden und empfangen auf den vier unterschiedlichen Ebenen. Auf der Sachebene werden Fakten, Daten, Inhalte vermittelt. Die Art, wie diese Inhalte vermittelt werden, gibt aber auch Aufschluss über Gefühle, Werte und persönliche Ansichten des Senders und, wie sie aufgenommen werden, auch des Empfängers wieder. Sie werden entsprechend auch als Selbstoffenbarung oder Selbstkundgabe gewertet. Ebenso wird im Kontext der Kommunikation deutlich, wie die Beziehung der beiden Kommunikationspartner ist. Die Art und Weise, auf die kommuniziert wird, die damit verbundene Mimik, Gestik und der Tonfall sagen etwas über die Art der Beziehung aus. Schließlich repräsentiert die Appellebene das, was ein Sender einem Empfänger vermitteln möchte, aber auch, wie ein Empfänger eine Nachricht für sich decodiert.[46]

6.3 Persönlichkeitstypen

Der MSBB-Präventionscoach wird bei der Durchführung mit unterschiedlichsten Charakteren in den MSBB-Gruppen arbeiten.

Kenntnisse über Persönlichkeitslehre und -entwicklung sind deshalb besonders bedeutsam. Es würde den Rahmen der Präventionscoach-Ausbildung sprengen, einen ausführlichen theoretischen Exkurs zu dieser Thematik mit aufzunehmen. Trotzdem erscheint es uns wichtig, als pragmatische Orientierung Grundkenntnisse zu diesem Themenkomplex in dieses Weiterbildungsprogramm zu implementieren, die den Präventionscoaches psychologisches und methodisches Hintergrundwissen geben, welches sich unterstützend auf die Arbeit auswirken kann. Deshalb haben die Autoren sich entschieden, einen Exkurs über die Satir-Kategorien in das Weiterbildungsprogramm aufzunehmen, weil Virginia Satir sehr anschaulich vier Stressmuster in der Kommunikation beschrieben hat, die verschiedenen Charaktertypen zugeschrieben werden und die sich in der therapeutischen, vor allem systemischen Arbeit durchgesetzt haben. Es handelt sich dabei um anschauliche Verhaltensmuster, wie Menschen in für sie schwierigen Situationen, besonders unter Stress, reagieren.

Dabei charakterisiert sie die pathologischen Anteile der Persönlichkeit und ordnet sie den verschiedenen Typen zu.

So unterteilt sie die vier pathologischen Muster in Beschwichtiger, Ankläger, Rationalisierer und Ablenker.

Allen gemeinsam ist, dass sie einen geringen Selbstwert haben und über unterschiedliche pathologische Kommunikationsformen verfügen, die ein Kenner der Kommunikationskultur erkennen und decodieren kann.

Die Kommunikationsstrategie des Beschwichtigers zeichnet sich durch ein kommunikativ unterwürfiges Verhalten aus. Die Worte sind leise, teilweise weinerlich. Er idealisiert seinen Gesprächspartner, indem er sich selber völlig entwertet. Gleichzeitig hat er aber ein hohes Einfühlungsvermögen, zu dem er leider selber keinen eigenen Zugang hat.

Der Ankläger verhält sich im Gegensatz dazu angriffslustig, aggressiv und teilweise auch sehr verletzend. Seine Kommunikationskultur ist generalisierend, plakativ und teilweise auch negierend. Insgesamt wirkt er permanent angespannt, was sich auch in seiner Artikulation durch schrille und laute Worte ausdrückt. Die Stärke des Anklägers ist sein Durchsetzungsvermögen.

Der Rationalisierer verhält sich in Stresssituationen vernünftig, rational und distanziert. Er neigt dazu, sehr monoton und ohne Emotionen Vorgänge zu kommentieren. Gefühle spaltet er ab. Er zeigt auch keine eigenen emotionalen Bedürfnisse. Sein Vokabular ist geprägt von Nominalisierungen und sachlichen Argumenten. Dabei ist seine Tonlage sehr monoton und wenig schwingungsfähig. Seine Körperhaltung wirkt angespannt. Seine Stärke hingegen ist sein Denken.

Der Ablenker hingegen ist in seinem kommunikativen Verhalten oftmals nichtssagend. Seine Aussagen sind dadurch gekennzeichnet, dass sie keine Beziehungen vom Gesagten zum Sachverhalt herstellen. Sein Auftreten ist oftmals hektisch, ein ständiges Hin und Her, wobei er sehr unkoordiniert wirkt. Er macht durch sein Verhalten deshalb auch auf sich aufmerksam, weil in seinem Selbstverständnis sich niemand für ihn interessiert und er sich auch nicht zugehörig fühlt. Er ignoriert sich selbst, die anderen und den Kontext. Seine Stärke ist die Spontanität.

Diese pathologischen Kommunikationsformen stellt Satir als gesunde Form die kongruente Kommunikation entgegen. Kongruent in diesem Sinne meint, dass die Worte, Körpersprache oder Gesichtsausdruck das widerspiegeln, was der Mensch tatsächlich meint. Er ist demnach kongruent, wenn er über einen hohen Selbstwert verfügt, sich selbst, aber auch andere als wertvoll sieht.

Zur Vertiefung dieser Thematik empfehlen wir als weiterführende Literatur die Bücher zum Selbstwert von Virginia Satir.[47]

7 Schlussbetrachtungen

Jetzt, da wir nach Fertigstellung unseres Programms ein abschließendes Kapitel schreiben, befinden wir uns alle wegen der Corona-Pandemie in einem Ausnahmezustand. Vor einem Jahr hatte noch niemand daran gedacht, dass sich unser Leben so gravierend verändern würde.

Vieles war so selbstverständlich, dass uns gar nicht in den Sinn kam, das Leben so deutlich in seiner Endlichkeit, Begrenztheit und Verletzlichkeit und schließlich auch in seinem eigentlichen Wert zu spüren.

COVID-19 hat uns radikal unsere Grenzen aufgezeigt. Das Virus sorgt für Einschnitte – eine Zäsur, die zwischen dem Leben vor Corona und nach und mit Corona gemacht wird.

Die Bedeutung und der Stellenwert von Gesundheit werden zukünftig in einem Ausmaß unser Leben bestimmen, wie wir es uns bisher nie haben vorstellen können. Unser Gesundheitsbewusstsein muss sich umfänglich ändern. Wir werden unserem Leben eine andere und bewusstere Richtung in Verantwortung für uns und unsere Mitmenschen geben müssen.

MSBB – Mind, Soul & Body in Balance ist ein Präventions- und Gesundheitsförderungsprogramm, das auf dem Hintergrund einer bio-psycho-sozialen Ausrichtung ein entsprechendes verantwortungsbewusstes Gesundheitsverhalten bewirken will.

Wir sind davon überzeugt, dass eine ernsthafte achtsamkeitsbasierte Lebensführung eine nachhaltige qualitative Veränderung im Leben jedes Einzelnen bewirken wird.

Wenn der Einzelne nach einer aktiven Teilnahme am MSBB-Programm die darin enthaltenen Ziele verinnerlicht und sich entsprechend verantwortlich und gesundheitsbewusst verhält, wird dies positive Auswirkungen auf sein Lebensumfeld mit allen – dann gewinnbringenden – Begleitumständen nach sich ziehen.

So soll erreicht werden, dass der Einzelne sich durch das Programm initiierte Handlungsveränderungen aneignet, die zu einer besseren und bewussteren Lebensqualität beitragen und die Lebensgestaltung nachhaltig positiv beeinflussen können.

Verantwortung dafür zu übernehmen, bedeutet auch, dass der Teilnehmende die in dem Programm selbst gesteckten Ziele ernsthaft und dauerhaft verfolgt. Voraussetzung für eine erfolgreiche Umsetzung ist die intrinsische Motivation jedes Einzelnen. Wir dürfen nicht den Ernst der Lage verkennen. Vielleicht ist aber die Omnipräsenz der Corona-Diskussion mit ausschlaggebend dafür, dass größere Bevölkerungsgruppen ihre bisherigen fest im Lebensalltag verankerten behavioralen und psychischen Risikofaktoren verändern.[48]

Wie in so vielen Bereichen gilt auch hier: Übung und Training sind essenziell. Der Erfolg tritt dann ein, wenn eine Haltungsänderung selbstverständlich in unserem alltäglichen Rhythmus verankert ist. Alltägliche Belastungen zu akzeptieren, ihnen eine andere Bedeutung zu geben, den kleinen Dingen des Lebens mehr Aufmerksamkeit zu schenken, aber auch Gefühle von Demut und Dankbarkeit zuzulassen, sind die vielen kleinen Grundbausteine für ein achtsames und erfülltes Leben.

Mit dem MSBB-Programm wollen wir einen kleinen Beitrag leisten, der für diejenigen, die das Programm umsetzen, große Wirkung erzielen kann.

Die Corona-Pandemie zeigt uns radikal, dass ein Virus nicht vor Landesgrenzen haltmacht. Wenn wir weiterhin in einer globalisierten Welt in Freiheit leben wollen, gilt es, eine gesunde Haltung dem Leben gegenüber einzunehmen und durch kongruentes Verhalten zu belegen. MSBB kann dabei einen Orientierungsrahmen geben und dazu einen wichtigen Beitrag leisten.

Dies wollen wir durch eine kontinuierliche und das Programm begleitende Befragung und Evaluation belegen.

Insofern wünschen wir Ihnen allen andauernde Motivation beim Praktizieren der erlernten Übungen. Ihre Gesundheit wird es Ihnen danken.

Prof. Dr. Dr. Martin Hörning & Johannes Tack

im Februar 2021

Anhang

[1] Unser besonderer Dank gilt den vier ehem. Masterstudierenden Katrin Edler, Carolin Ernst, Svenja Kurz und Ben Schöneberg

[2] GKV-Spitzenverband : Leitfaden Prävention, Berlin 2018

[3] DGPPN: Psychische Erkrankungen in Deutschland: Schwerpunkt Versorgung, Berlin 2018

[4] Klosterkötter J und Maier W: Handbuch Präventive Psychiatrie, Stuttgart 2017, 29 ff

[5] Hurrelmann K et al. (Hg.): Lehrbuch Prävention und Gesundheitsförderung, Bern 2014, 14

[6] Hurrelmann K u. Richter M: Gesundheits- und Medizinsoziologie, Weinheim 2013, XI

[7] Ebd. S. XI

[8] Ebd, S. IX

[9] GKV-Spitzenverband: Leitfaden Prävention, Berlin 2018, 19

[10] GKV-Spitzenverband: Leitfaden Prävention – Handlungsfelder und Kriterien nach § 20 Abs. 2 SGB V, Berlin 2018

[11] GKV-Spitzenverband, Berlin 2018, 50 ff.

[12] Gu J, Strauss C, Bond R und Cavanagh K: How do mindfulnessbased cognitive therapy and mindfulnessbased stress reduction improve mental health and wellbeing? A systematic review and meta-analysis of mediation studies. Clinical psychology review, 2015, 37, 1-12

[13] Gahleitner S B, Hintenberger G, Leitner A: Biopsychosozial – zur Aktualität des interdisziplinären Modells in Psychotherapie, Beratung und Supervision. resonanzen-journal, 2013, S. 19

[14] Ebd. 20

[15] https://www.dimdi.de/dynamic/de/klassifikationen/icf/

[16] Lorenz R: Salutogenese, Grundwissen für Psychologen, Mediziner, Gesundheits- und Pflegewissenschaftler, München: Reinhardt 2016, 24 ff

[17] Antonovsky A: Salutogenese, zur Entmystifizierung der Gesundheit, Tübingen: dgvt 1993, 4

[18] Rohmer S: Stress – die Geschichte eines westlichen Konzeptes, Diss. Heidelberg 2015, 5

[19] Zum Beispiel: Kaluza G: Gelassen und sicher im Stress, Berlin, Heidelberg: Springer 2014 sowie Esch T und Esch S M: Stressbewältigung mithilfe der Mind-Body-Medizin, Berlin: Medizinisch Wissenschaftliche 2013

[20] Esch T: Der Selbstheilungscode – Die Neurobiologie von Gesundheit und Zufriedenheit, Weinheim: Goldmann 2017

[21] Kaluza G: Gelassen und sicher im Stress, Berlin, Heidelberg: Springer 2014

[22] Gilan D A und Lieb K: Resilienz – Relevanz von Resilienz im Gesundheitsbereich, VDBW-Aktuell 2017. https://lir-mainz.de/assets/downloads/10_Gilan-Lieb_VDBW-Aktuell_3-2017.pdf

[23] Leibniz-Institut für Resilienzforschung. https://lir-mainz.de/arbeitsgruppen

[24] Bäuml J et al.: Arbeitsbuch Psychoedukation bei Schizophrenie (APES), Stuttgart: Schattauer 2005 und Wienberg G et al.: Schizophrenie zum Thema machen, Bonn: Psychiatrie 2003

[25] Kabat-Zinn J: Gesund durch Meditation. Das große Buch der Selbstheilung mit MBSR, unter Mitarbeit von Horst Kappen, München: Knaur 2013

[26] Heinrichs M, Stächele T und Domes G: Stress und Stressbewältigung, Göttingen, Bern, Wien, Paris: Hogrefe 2015

[27] Heinrichs M, Stächele T, Domes G: Stress und Stressbewältigung, Göttingen, Bern, Wien, Paris: Hogrefe 2015

[28] Esch T und Esch S M: Stressbewältigung. Mind-Body-Medizin, Achtsamkeit, Selbstfürsorge, Berlin: Medizinisch Wissenschaftliche 2016

[29] Klaperski S, von Dawans B, Heinrichs M und Fuchs R: Effects of a 12-week endurance training program on the physiological response to psychosocial stress in men. A randomized controlled trial, in: Journal of behavioral medicine 37 (6), 2014, 1118 – 1133

[30] https://mymindfulmoves.de/achtsamkeit/breathing-space/

[31] Schnabel L et al.: Association Between Ultraprocessed Food Consumption and Risk of Mortality Among Middleaged Adults in France. JAMA Intern Med. 2019; 179(4): 490-498

[32] Fiolet T et al.: Consumption of ultra-processed foods and cancer risk: results from NutriNet-Santé prospective cohort. BMJ. 2018, Feb. 14

[33] Moubarac J C et al.: Food Classification Systems Based on Food Processing: Significance and Implications for Policies and Actions. A Systematic Literature Review and Assessment. Curr Obes Rep. 2014, 256-272

[34] Ministry of Health of Brazil: Dietary guidelines for the Brazilian Population. 2015

[35] Britta E, Weber K F: Individuelle Persönlichkeitsentwicklung: Grawing by Transformation, Wiesbaden: Springer Fachmedien 2016, 93 ff

[36] Sallis J F, Owen N: Physical activity and behavioral medicine, Thousand Oaks: Sage 1998

[37] Mensink G B: Movement and circulation. Population studies on physical activity and cardiovascular risk, Wageningen: Ponsen & Looijen 1997

[38] Oberg E: Physical Activity Prescription: Our Best Medicine, Integrative Medicine Vol. 6, No. 5 Oct/Nov 2007

[39] Klimecki M et al.: Differential pattern of functional brain plasticity after compassion and empathy training. Social Cognitive and Affective Neuroscience, Volume 9, Issue 6, June 2014, 873–879

[40] Soysa C K, Wilcomb C J: Mindfulness, Self-compassion, Self-efficacy, and Gender as Predictors of Depression, Anxiety, Stress, and Well-being. Mindfulness 6, 2015, 217–226

[41] Breines J G: Self-compassion as a predictor of interleukin-6 response to acute psychosocial stress. Brain, Behavior, and Immunity, Volume 37, March 2014, 109-114

[42] Christoph G, Neff K: Das Mindful Self-Compassion-Training. In: Singer T, Bolz M (Hg.): Mitgefühl in Alltag und Forschung, Max-Planck-Gesellschaft 2013. Kostenloses E-Book ist downloadbar unter: www.compassion-training.org

[43] Duggan A P: Health and Illness in Close Relationsships, Cambridge University Press 2019; Everson-Rose S A und Lewis T T: Psychosocial factors and cardiovascular diseases, Annu Rev Public Health. 2005;26:469-500; Heffner K L, Loving T J, Robles T F & Kiecolt-Glaser J K: Examining psychosocial factors related to cancer incidence and progression: In search of the silver lining. Brain, Behavior, and Immunity, 17(Suppl1), 2003, 109–111; Uchino B N: Social Support and Health: A Review of Physiological Processes Potentially Underlying Links to Disease Outcomes, J Behav Med 29, 2006, 377–387

[44] Ernst C: Grundlagen und Rahmenbedingungen eines multifaktoriell-präventiven Gesundheitscoaching für Menschen mit psychosozialen Belastungen,Master-Thesis zur Erlangung des Grades „Master of Arts", Paderborn 2019

[45] Battegay R: Der Mensch in der Gruppe, Bern, Stuttgart, Wien: Huber 1974; Brocher T: Gruppendynamik und Erwachsenenbildung, Braunschweig: Westermann 1982; Lewin K: Feldtheorie in den Sozialwissenschaften, Bern: Huber, Hogrefe 2012

[46] Schulz von Thun F: Miteinander reden Band 1-4, Hamburg: Rowohlt 2019

[47] Satir V: Selbstwert und Kommunikation, Stuttgart: Klett-Cotta 2018; Satir V: Kommunikation, Selbstwert, Kongruenz: Perspektiven familientherapeutischer Praxis, Paderborn: Junfermann 1994

[48] Wulfhorst B und Hurrelmann K. In Hurrelmann K, Klotz T, Haisch J: Lehrbuch Prävention und Gesundheitsförderung, Bern: Hogrefe 2014, 15

Materialien zum Download

Modulübersicht

Evaluationsbögen

Persönliche Gesundheitskurve

Anleitung Atemmeditation

Stresstagebuch

Anleitung Körperreise

Yogaübungen I und II

Tagebuch „Schwierige Gefühle"

Soziale Netzwerkkarte

Alle Materialien finden Sie im Internet auf dieser Seite:

https://psychiatrie-verlag.de/product/msbb-mind-soul-body-in-balance-msbb-handbuch-praeventionscoach/

Der Zugangscode lautet: msbb-coach

Woche 5: Ernährung II – Individuelles Ernärungsverhalten

Übung für zu Hause nach dem 5. Kurstag:

- Atemmeditation
- 1 Essen in Achtsamkeit pro Tag
- 1-2 Reisen durch den Körper

Wenn Du in der vergangenen Woche konsequent dein Ernährungstagebuch geführt hast, wirst Du einen Überblick darüber haben, wie und was du in der Regel isst. Jetzt geht es darum, dieses Ernährungsverhalten so umzubauen, dass Du Deine Mahlzeiten abwechslungsreich und gesund gestaltest. Das bedeutet aber auch, dass Du dabei Erzeuger-und Umweltbedingungen mit in die Planungen (Umsetzungen) einbeziehst.

Hier ist eine Liste mit konkreten Umsetzungen für die nächste Woche. Suche Dir maximal zwei aus und kreuze in der Tabelle unten an, was Du Dir vornimmst. Du kannst auch gerne einen eigenen, für Dich passenden Vorsatz einfügen.

☑	Aufgabe
☐	Einmal in der Woche kaufe ich ökologisch und unter fairen Bedingungen erzeugte Lebensmittel ein
☐	Ich trinke mindestens 1,5 Liter pro Tag – am besten Wasser oder andere kalorienfreie Getränke
☐	Bei einer Hauptmahlzeit am Tag achte ich besonders auf meine Körpersignale und höre auf zu essen, wenn ich etwa 80% des Sättigungsgefühls erreicht habe
☐	Immer bevor ich Süßes oder Kuchen esse, horche ich in mich hinein, ob ich Hunger oder Appetit empfinde
☐	Ich esse mindestens 3 Portionen Gemüse und 2 Portionen Obst am Tag
☐	Individueller Vorastz:

Die Umsetzung erfordert natürlich etwas Selbstdisziplin. Wenn Du dabei aber eine achtsame Haltung einnimmst, wirst Du bald merken, wie sich Dein Bewusstsein anpasst und sich Dein körperliches Empfinden darauf einstellt.

Betreibe zusätzlich einmal täglich 10 Minuten Atemmeditation. Wenn es Deine Zeit und Dein Interessse erlauben, kannst Du die Atemmeditation natürlich jederzeit verlängern.

Martin Hörning, Johannes Tack
MSBB: mind, soul, body and balance
Ein achtsamkeitsbasierendes Stressbewältigungsprogramm
Handbuch Präventionscoach

1. Auflage 2021
ISBN Print: 978-3-86739-252-5
ISBN E-Book (PDF): 978-3-86739-255-6

Bibliografische Information der Deutschen Nationalbibliothek. Die Deutsche Nationalbibliothek verzeichnet diese Publikation in der Deutschen Nationalbibliografie; detaillierte bibliografische Daten sind im Internet über http://dnb.d-nb.de abrufbar.

Der BALANCE buch + medien verlag ist ein Imprint der
Psychiatrie Verlag GmbH, Köln.

Redaktion/Autorenfoto
Annika Tack, Paderborn

Gestaltung
SPI Paderborn e. V.
Typo: Ubuntu, Vollkorn, Blocksatz

Druck und Bindung
Plump Druck & Medien, Rheinbreitbach